U0076412

在世界盡頭的角落

在世界盡頭的角落

推薦序

以筆為鋤，耕耘心田

文
劉世添
法務部矯正署花蓮監獄典獄長

在大家的想像中，「監獄」是一個甚麼樣的地方呢？

簡單地說，「監獄」即是人們犯罪後，一經羈押、移送地檢偵辦，及至法院判刑確定後，發送到監獄執行徒刑，以矯正犯過的場所，是司法的最後一道防線。

早期監獄的獄政政策，施行至今相當透明化，積極地朝人性化及著重人權的管理，矯正政策均朝「教育型」推動。

「教育型」政策，係指「人性化」管理、「民主化」管理，以及重視「人權」的管理模式，我本身稱它為「服務」的管理。也就是受刑人來到監獄後，我們把他們當家人般看待，有責任及義務照顧他們、愛護他們，並在他們服刑期間予以心靈潛移默化，達到淨化及悔改向上的功能。

個人從監所的最基層管理員學習成長，三十年監所任職時光，見證了臺灣社會對監獄功能的認知，慢慢由第一種移向第二種，除了象徵社會對人權的關注外，也是監獄在功能轉型的過程中，有了初步的成果。

二〇〇七年七月，我任職花蓮自強外役監獄典獄長五年時間，戮力推動無毒農業耕作及自然生態環境的建構。除了作物的豐富收成外，在「心」的收成也極為豐富。透過帶領收容人胼手胝足的下田耕作，栽植、培養、澆灌、施肥、抓蟲，隨著時令交替，親眼看到作物成長、收成，心中的踏實感與喜悅滿足，跟著時日增長。這是非常可貴的生命教育，讓自強外役監獄創下了出監再犯率最低的紀錄。

二〇一四年一月，我從臺東泰源技能訓練所調回花蓮，任職花蓮監獄典獄長。

花蓮監獄，屬東部地區高度管理的重刑監獄，長刑期的收容人多少形成人際關係的衝突，通常對自己的存在感到孤寂，需要付出較多的愛心與關懷，傾聽與理解，適當的輔導與陪伴，以及一個讓他們了解自己的機會。

個人從事矯正工作已歷經三十八載，深深體會到，今日矯正工作已不能孤絕於社會之外，需藉由與社會合作來推動教化工作，除傳統宗教課程外，亦積極發展各項藝文班，如爵士樂、國樂、漫畫、讀書會、寫作班等多項生命教育課程。希望透過藝文的學習薰陶，潛移默化中改變受刑人的氣質。

近年來，與慈濟基金會志工的良善合作，除有賴志工的全力協助，辦理母親節懇親會活動，讓收容人一解思親之情，也於「奉茶感恩」的主題活動中，充分發揮教化之成效。

個人深信「信賴產生良善，而由於良善才信任，尊重身為人的尊嚴，才會使其形成尊嚴。」建立起因互信而改變，由自律而自重的生命教育。

從二〇一四年暑假開始，在花蓮監獄與慈濟基金會志工共同的推動下，收容人藉著說出自己的故事，省思生命的價值與意義，獲致更為多元的思維與觀察；同時，也為了讓參與藝文活動的收容人看見自己的改變與成長，共同企畫出版《在世界盡頭的角落》這本書，收錄諸多收容人的書寫足跡。

本書收錄的文字是從「我想對你說」所發想，看著每一篇文字質樸感人的內心情感，對自身與家人或對社會中人的真情剖析，以及對自己不堪青春的註腳，皆能發現重大的生命課題與理解生命的出口。

故事裏的每一個轉折，都是他們理解世界的縮影，而隨著文句的每一個轉折，都能發現屬於他們的改變，反覆閱讀文章裏的文字，思索想像每一筆畫間的心思與情境，才能真正理解他們故事真正的寓意。

這讓我想起五年前在自強外役監獄推動農作的情景。不同的是，這次我們以筆為鋤，耕耘的是心田。期盼朵朵開自心田的花蕊，能作為一般國中、高中或大學學生的借鏡，藉此為讀書會教材，導讀、研讀或心得分享，讓有緣讀者，能有所警示與警惕。

我們有幸參與這個出版計畫，感恩慈濟基金會志工願意無怨無悔走進花蓮監獄，協助推動矯正教化藝文工作。藉由沒有框架的書寫，讓收容人看到高牆窗外的藍天，這就是一場永不結束的傳愛行動。志工們的陪伴與關懷、耐心傾聽與理解，讓這塊珍惜的心田漸次長出新芽。

我樂見這本書的出版，譜下矯正機關與社會合作推展教化的契機。清人濮文暹在《提牢瑣記》言：「提牢，古獄吏也。位卑而責重……」不僅是矯正人員的定位，也是責任。

只要監獄不空，我們就將繼續荷鋤未來。

推薦序

緣於一場美麗的錯誤

文／邱淑絹

花蓮監獄，我是誤闖而入的。

二〇一四年七月十日那天，當我接獲慈濟志工劉鏡鏘電話，說他正前往花蓮監獄途中時，我不知哪兒來的衝勁，不等他把話說完，便脫口而出「我也要去」後，迅速關了電腦，拎起包包，抓起車鑰匙，奪門而出……

是時，我正撰寫劉鏡鏘個人的故事，得知他此番行程，說什麼都不願錯過。唯我根本不知花蓮監獄在哪裏，依著他在電話中的片段指引，我穿過一處他形容的綠色隧道後，看見了花蓮監獄，明亮的牌樓，就在大馬路旁。

閉鎖的大門前，寧靜無聲。些許時間後，一位未曾見過的慈濟志工潘惠珠，應門而出；她，是來接我的。

隨著她的腳步移動，我們經過第一道門的檢查，把不能帶進的物品鎖進保管箱後，經過一道又一道數也數不清、看也看不懂的厚重鐵門，開啟、關閉，開啟、關閉後，進到了一個「人來人往」的大空間裏。

空間裏的人，從其外表一看便知，他們就是花蓮監獄的受刑人。唯不同於電視或電影銀幕上的，他們多了些笑容和禮貌，出乎我意料之外。

穿過一間間教室，我找到正為「同學」們上課的劉鏡鏘。然而，他見了我後，便頭也不回地引著我走到一間教室裏，站上了講臺，對著同學說：「這位師姊文筆很好，可以來為你們上課……」

而後，他走下講臺，轉身離去，消失於門口處，留下一臉錯愕、滿頭霧水的我，面對著教室裏滿懷期待的七雙眼睛。

「小說班？要我幫他們上課？」監獄？受刑人？這是我有生以來頭一遭。完全沒有準備，卻不容我站著沈默不語，想起曾為慈濟人文真善美志工上課的情形，我帶著一顆忐忑的心，開始和他們對話。

幾近「一個世紀」的時間過後，同學終於表示「沒有問題了」，我有如鬆了一口氣，欣喜地從講臺退下。才一走出教室沒多久，另一位未曾見過的慈濟志工李玉蓮，趨前轉達同學們的意思，「希望你能再來上課。」

這教我誠惶誠恐，不知所措。

再想起剛為同學上課期間，當我喊著口渴時，有同學隨即為我倒了水來；在講臺上汗流浹背時，有同學為我找來電風扇吹涼。

眼見同學們上課模樣，像群天真的「學生」……當下，我腦中升起一句證嚴法師說的話，「有緣接觸到了就要度」，深知這一切都是因緣，便答應了下來，從此與「小說班」結下了每週五下午一堂課的「教作」因緣。

教作過程中，發現同學們縱然多為「國中」、「高中」進修程度，卻是不乏文筆優異者；從而志工李玉蓮常會主動傳來同學們的文章與我分享。文章大都雖是心得感想之類的短文，卻有一篇作文吸引了我的目光。

這篇作文名為「給國中生的一封信」，內容敘述作者自我犯行的經歷與漫長的刑期，期望以一個過來人的角色，勸誡現今的國中生們不要急於長大，更不要因一時的觀念偏差，失去難得的青春與自由。

文章雖感生澀，卻引發我一番思維，「若能將這篇文章廣為散發，不失為一篇能讓孩子們引以為鑒戒的好教材。」

這引發我靈感，「何不讓同學們書寫此類文章，以他們自身的人生故事，提供社會借鏡？」

我以「我想對你說」為方向，於踏入花蓮監獄一個月後，啟動了花蓮監獄附設「私立正德高級中學進修學校」同學們的寫作計畫，鼓勵同學參與。

猶記得那是個週五的下午，同學們趕於四點「收封」；志工團隊也在規定時間前踏出監獄，各自回家。

隔週的星期二，電子郵件傳來李玉蓮捎來的訊息。一篇用 word 檔掃描成的文稿，乍然呈現於我眼前。它，用直行式稿紙寫的，透過電腦螢幕閱讀有些困難，卻是一字一句攝住我的目光。

作者文筆流暢，遣詞用字精美，我在不知不覺中，進入了內容情境裏。他說，只寫過學校的作文簿，沒有任何寫作經驗，卻是字裏行間發自內心的剖白，令人揪心。

他說，也想成為一個好公民，也想為自己找到一條活路，如今卻是前科累累的人生。在他僅有的思維裏，他找不到方法，黑暗中每一個方向都是出路，但每一條出路都回到原點；因此，每次都只能走回頭路……

這引領我深深思考——身為慈濟人，我們還能做些什麼，好把良善的路鋪得更廣、更遠，讓這些正在找路的同學們，能找到他們要找的路。

這番思維後，我才明白慈濟志工投入監獄關懷「生命教育」領域，已行之有年。北自基隆、臺北、桃園、新竹；中部的有臺中、彰化；南至臺南、高雄、屏東；後山東部，則是花蓮與臺東監獄等，日漸形成一全臺緊密的關懷網。

正如志工對同學們說的：「我們不能帶你們出去，但我們可以進來陪你們。」投入監獄關懷的他們，有來自平時投入社區關懷的志工，有來自慈濟教聯會的老師們，以及不少本身曾誤觸法網，身陷囹圄，受感化後重新做人，以過來人的身分，定期走進監獄與同學們分享的更生人。

他們或以大場「心靈講座」方式分享，訴說生命存在的意義；或以「靜思語」教學，傳布著證嚴法師的叮嚀與箴言；或以入藏經方式，演繹「懺悔即清淨」之諦理；或以針對家庭、個人或親友間的問題與煩惱，架起溝通與善解的橋梁；其中尤以「更生人」之過來人的現身說法，效果最佳。

志工除了進到監獄關懷之外，也會針對需要的同學，前往其家庭訪視；進而有同學假釋出獄時，志工也前往接人出來；日後的時間裏，也會不斷地陪伴和關懷，使之儘快縮短融入社會的時間，找到人生的目標與方向。

花蓮監獄，因有正德進修學校之因緣，慈濟志工得以進到教室裏，和同學面對面接觸，甚至一對一的深度關懷。寫作計畫便在這種氛圍下，戲劇性地啟動了。它採取自由參加方式，但同學們的文稿卻如雪片飛來。

繼「給國中生的一封信」之後，再投來一篇「世界盡頭的角落」，自此滿盤的落索便有如神力般地主動集結，串起漣漪效應……一掃我唯恐沒人願意投稿的擔憂。

人性，本是可善的。同學們期盼以個人人生故事，予社會一個警示作用，願意開啟他們塵封不堪往事，其立意本身就是個「善」。

展讀篇篇揪心的故事，我感嘆，人世間的紛紛擾擾，善與惡的拔河，沒有給他們太多輸贏的空間，便教他們落入了「贏不了」的結局裏，在高牆築起的縲絏中，夜以繼日地懊悔……

如何在一個人還未落入「輸了」的結局前，能有條正途可選擇，是我們製作這本書的立意。期望有緣一窺此書的讀者，能有一番省思和借鏡，以及更多的辨析與判斷，為自己的將來做出更好、更不一樣的選擇，及時在懸崖邊上勒馬，在叉路上轉彎。

此項寫作計畫啟動後十天，父親生病住進加護病房，我回到了與花蓮相隔一座中央山脈的西部照顧他。整整兩個月時間，同學們沒有因此停止寫作，花蓮慈濟人文真善美志工為此搭起一座「空中橋梁」，將同學手寫的投稿打成電子檔後，透過網路傳輸給我，再將我回傳的建議或初編的文稿列印出來，帶進監獄與同學討論、溝通或校對，如此轉轉反覆。

猶記得同學們說，人生沒有「情義相挺」這件事；我卻在監獄裏見到了。當同學們願意將不堪的人生故事攤在陽光下讓人檢視，志工不厭其煩地來回奔走於「空中橋梁」力挺這本書的出版，便是一種「情義相挺」。

由衷感恩慈濟志工長年的陪伴與關懷，使得我們無須耗費多大力氣，便能豐收這滿盈的果實，忍不住地想為同學們的勇氣與志工的精神，予以大大的讚歎與喝采！

一年後的今天，即將付梓出版之際，卻是父親往生離開人間之日，謹以此書告以父親在天之靈，感以往昔扶育之恩。

目錄

I. 我想對你說

II. 我改變了

他們是受刑人，面對過往，面對錯誤人生，
像是走不出的人生迴路，
有著千絲萬縷的悔恨與遺憾……

在世界角落的囹圄中，他們有許多來不及，
來不及做的事，來不及說出的愛……

現在，他們想要對你說，他們心中最誠摯的話，
因為他們想改變，也正努力改變中……

I.
我想對你說

世界盡頭的角落

文／歸人

世上有太多人用我們難以想像的方式過活，
他們絕不向命運低頭。
於是，我在世界盡頭的角落裏，
見識了百煉成鋼，也了解了生命的意義；
角落，不再是角落了……

世界很大！大到終究我們還是迷失了自己，大到就算用盡我們一輩子的時間，也無法看遍！

但是，再大的世界也有盡頭！

是的，世界是有盡頭的。只是這世界的盡頭處，如果還有角落的話，我想那應該就是監獄了。

一子錯，滿盤皆落索

監獄不是地獄，卻同樣帶走許多人的希望；生離不同於死別，但兩倍的折磨，遠遠超過單方面的哀傷。

不幸的是我在這裏面，搖著筆桿訴說著我的故事。這種感覺，就像拿著解剖刀，一筆一筆，一刀一刀地剖開我粉飾已久的淡然；一道一道地揭開我自以為是的堅強，然後再度看見自己的醜陋，不欲人知的過去，以及難以彌補的傷痛。

「一子錯，滿盤皆落索。」許多事，一旦做錯了就難以回頭，愈陷愈深……

我是南部出生的小孩，沒念過什麼書，國中差點就沒畢業。我的學業知識，都不是從校園裏學來的。我在賭場裏學會數學，黏在賭桌上的日子，是我數學最好的時刻；在監獄裏，我學會國文、歷史，武俠小說是我的教科書……

除了出來混之外，我什麼都不會。小的時候，我認為打打殺殺很神氣，如果有大哥招呼我出去撐場面、湊人數，我總是認為很光榮。

但這個我認為光榮的事，讓我進了少年觀護所。再大一點時，我變成看場子的小弟，我認為更神氣了，因為認識更多大哥的數字會呈現爆炸性的成長。

但這個我認為更神氣的事，差點讓我進了感化院。及至成長時，我開始跟著上酒店、舞廳，那已經不是神氣可以形容了。店裏的大大小小都會叫你大哥，尤其打扮冶豔的小姐，叫聲大哥更是媚到骨子裏。

但我其實還是小弟。為了成為真正的大哥，必須有錢；所以我開始尋找快速變成有錢人的方法——聚賭、恐嚇、收帳，收不到帳就打人、砍人……

有錢換來燈紅酒綠、紙醉金迷，但也讓我在不知不覺中染上毒品。如果說那些風花雪月讓人迷失自己，那麼毒品則是令人失去自己。它，摧毀一個人的威力是全面性的，纏著你一輩子，不知不覺卻又排山倒海而來，身不由己的恐怖，是無法想像與形容的。

為了吸毒，我要更有錢；從此，惡夢和報應開始如影隨形。

當我開始厭惡這種生活時，我已經回不了頭。於是，我吸毒、搶劫……然後有一天早上睜開惺忪的睡眼，放眼望去盡是監獄的景象。驀然回首，才驚覺自己到底做了些甚麼？

只是回頭已晚，大錯已成！會客窗前見到我母親淚潸潸，而我只有汗涔涔地不知所措，然後在不經意的動作裏拭去我的淚水……

走不出的人生迴路

十幾年來，數度進出監獄的我，曾經每一次都以為腳下踏著的那一步自由，從此可以邁向海闊天空；但是，殊不知，每一次自以為是的新腳步，乘載的卻是依然故我的舊軀殼，觀念從不曾改變，但自己從不曾發現，於是掉進了無盡的輪回裏。

在這個囹圄之地、縲絏之中，反反覆覆。我不願放棄自己，卻又無法掙脫其中，就這樣自己跟自己圍上了。在難言的悔恨與親人淚水交織而成的高牆下，我愛的人與愛我的人，從此，地北天南，人各一方。

我何嘗不想改變這一切；但在我僅有的思維裏，我找不到方法，黑暗中每一個方向都是出路，但每一條出路都回到原點。

我好想為自己找條活路！

但是，人生很難，為了過日子，我們不得不向現實低頭；更遑論前科累累的人生，更難！我也曾想要成為一個守法的好公民，但我如同進入一場不公平的賽局。因此，每一次我只能走回頭路……

直到有一天，我看到了一場表演，一場永生難忘的表演！

角落，不再是角落了

紅絲布幔內傳出一陣低沈、悅耳的嗓音，迴盪在大禮堂裏。不難想像，聲音主人必定是個成熟、世故且充滿智慧的人。沒錯，他就是廣播金鐘獎最佳主持人獎得主──劉銘。臺下的我們只聞其名，卻不曾識得廬山真面目；因此，分外引頸期盼。

布幔緩緩升起，映入眼簾的，並不是我原本想像的翩翩偉岸。輪椅上的他，除了頭部的比例尚稱正常外，頸部以下部分加起來比頭大不了多少，連他手中的麥克風都讓人為他感到吃力。

是人，都不禁為他的身形感到心疼。但認真聽他一番侃侃而談之後，你會為他感到心折。他說，他們叫做「混障樂團」，是「混」合了多種肢體「障」

礙的團體，今天來為我們表演，要讓我們見識什麼叫做「上天若關起一道門，祂必為我們開啟另一扇窗」。

語畢，表演開始，舞臺上旋律響起。黑管、鍵盤、薩克斯風交織成一段段動人舞曲，而演奏者全是眼盲看不見！歌唱、熱舞、國標舞，流暢而俐落地交錯著，而舞者全都坐著輪椅！表演進行著，我們全都目瞪口呆！面對臺上「五體不滿足」的他們，即使臺下的我們全都「好手好腳」，卻自慚形穢！

主持人問：「震撼嗎？」這樣還不夠！他說要讓我們見識什麼叫做「百煉成鋼」。

出場的是一位腦性麻痹患者。不！我應該稱他為「鬥士」。他自我介紹，三段話加起來可能不到五十個字，卻彷彿用盡生命中所有力氣才能說完。聽他說話，你的心會糾結在一起，難以形容。

他說，他要為我們唱一首歌，歌名叫做〈掌聲響起〉，希望我們回家之時，能夠有掌聲響起。音樂一下，奇妙的事情發生了。歌聲字字清晰，渾厚有力。歌聲和曲調交融著，悠揚地迴盪在大廳堂裏，「是多少磨練，和多少眼淚，才能夠站在這裏……」我終於忍不住熱淚盈眶……

世界上有太多人用我們難以想像的方式過活，命運捉弄了他們，但他們絕不向命運低頭。我在世界盡頭的角落裏，見識到了百煉成鋼，也了解了生命的意義；角落，不再是角落了。

觀念影響性格，性格影響命運

我決定改變我的人生。雖然我不知道該怎麼做，但我記得靜思語有一句話說：「做就對了！」沒錯，做就對了！

我沒念過什麼書，所以我大量地閱讀，除了小說我什麼都讀。我很努力地練習好端正的硬筆字，直到手指結痂又結痂；因為我相信認真做好每一件小事，累積起來，就是一件大事。

曾經看過一句令我十分動容、感觸極深的話：「觀念影響性格，性格影響命運。」這句話對我來說，如同溺水的人抓住了一根浮木，木頭的本質還是木頭，但對溺水的人來說，卻是意義非凡。

我突然了解，人生就是一連串的決定。如果我之前做的決定很糟，把我帶到糞坑汙穢之地；那是否我做出截然不同的抉擇，一直到累積足夠的能量，便可以離開糞坑之地，到達光明之境。

我決定戒掉抽了二十年的菸和賭博，戒掉以前所有我喜歡的，但對這世界而言是異樣的……

有句俗話說：「戲棚子腳下站久就是你的。」監獄也是一樣。在獄中，受刑人通常不喜被移監，因為在監獄這麼一丁點小地方，先來後到與地頭觀念尤其明顯。況且到了一個新監獄，除了舟車勞頓，大包小包搬得累死，總不免要有一段適應期。

「適應期」包括新收受刑人必須先去「新收房」考核外，下單位一段時間，也要適應新規矩和不一樣的受刑人，就像當兵時老鳥與菜鳥之間，但又不完全是。

總之，如果在監獄已混熟，甚至已有立足之地（意即可以多點方便），就更不喜歡被移監。所以，報名一些會被移監的事，比如「學生隊」（監獄所附設學校），雖然對有些人來說滿好的，但對於在某處已熟悉，或者只想安定、麻木地度過刑期的人來說，卻是敬謝不敏的。

只要相信，就能改變

我決意離開熟悉、已有立足之地的監所，報名入學考試，到那遠在東部附設高中的監獄——「花蓮私立正德高級中學進修學校」讀書。

機會不大，更有人在旁邊說風涼話：「啊，別傻了，那裏很難選上啦！你別想太多了，在這裏不是好好的嗎？何況三年過後，你回來原單位，又要做一次新收的。」

不過，我決意如此；我想，只要願意嘗試，就有成功的可能。

然後，事情開始有了變化。我上榜了，菸也就這樣戒了三年多；我不曾再想和賭有關的事。最重要的是，我得到母親的諒解。

晃眼三年，我居然高中畢業，拿到高中文憑了，更在監獄的高中部找到人生目標。還有在畢業前夕遇上了許多菩薩心腸的師姊、師兄給的愛與關懷，種種的收穫，我始料未及。

我學會了思考人生的方向、生涯的規畫，學會思考，當我有了高中學歷時，可以為自己做些什麼努力。

遍尋資料，我終於找到可以和別人在同一個起跑點上立足的方向——房地產。於是，我苦讀法律條文兩年多，只要再一年多我就可以假釋，並參加不動產經紀人及俗稱「土地代書」的地政士證照考試。

改變雖然很慢，但它確實一點一滴地在發生。只要你相信會改變，那麼你就會改變；如果你沒有改變，那是因為你不夠相信，「觀念影響性格，性格影響命運。」觀念一改變，化學變化便從這裏開始發生……

懺悔即清淨，真實隨緣

多年來，我一直很自責、怨恨自己，也怕別人知道自己的過去，內心深處一直認為自己很丟臉、可恥……但在畢業前夕的因緣際會裏，一位菩薩心腸的師姊，與我分享了一段經典、雋永的話：《法譬如水——慈悲三昧水懺講記》中所云「懺悔即清淨」等語，解開了我多年的心結，如同荒漠甘霖。

原來，「法譬如水，真水無香」——真實，方能誠懇地面對自己；「緣譬如流，隨流得妙」——隨緣，便可無礙地面對世界。

人生路很長，很多決定蹉跎了我們的時光和方向；然而，只要是好的決定，什麼時候開始都不嫌遲。因為我相信，只要是循著一個理想方向前進，離目標一定會愈來愈近。雖然沒有人能保證一定會達到目的地，但只要一直走在正確的道路上，那就是理想的實現。

雖然我還在裏面，還有一段未竟的路要走；但我找到了目標，拚命去做，積極爭取自己想要的，忽然間發覺我的心居然變得海闊天空。

朋友！悄悄告訴你，那些因傷害帶來的痛苦，增長了每一個人的見識，讓我們成長；無形中，它也雕塑了我們的生命刻痕。當有天我們可以微笑看著這些刻痕而不覺得痛時，表示我們已經蛻變成不一樣的人了。

退潮是為了下一次的漲潮，日落是為了再一次的日升。無論發生什麼事，千萬不要放棄自己。如果你前面有陰影，請別害怕，那是因為你背後有陽光，找到你的陽光，找到你的目標。世界很大，盡情地展翅飛翔吧！

註：歸人已於二〇一五年九月假釋出獄，已報考地政士執照，正努力苦讀準備中。

I

給國中生的一封信

文／陽過

如果人生能再重來一次，我一定不要急著長大！
很多人說，等回歸社會才要改變；
沒有當機立斷改變，等踏出大門，可能就忘得一乾二淨了！
想改變，當下就可以做了。

我是個超重刑的受刑人！我的刑期有多重呢？若以你們現在的年紀來算，我必須等到你們快四十歲時，才會期滿出獄。

想想這麼長的時間，我都必須在這裏過著沒有自由的日子。兩間教室大的空間裏擠著將近一百個人，每天在固定的時間面對同樣的人，做同樣的事，說同樣的話，連呼吸都感到沒有自由。

急著長大，誤入歧途

在這裏沒有親情與友情，也不會出現電視上演的那種情義相挺的劇情，有的只是現實與冷漠。受到委屈時，只能自己默默承受，然後繼續孤獨地面對冰冷鐵窗，淒涼過日。

想想看，如果是你們，有誰可以忍受二十多年這樣的日子呢？

其實，我曾經跟你們一樣，有個單純又快樂的童年。記得小學時我很愛上學，學校裏有很多好朋友陪我一起玩。那時我最喜歡帶著心愛的玩具到學校與同學分享；那種快樂，我想你們都曾經擁有過。

不過，這一切就在我和你們差不多年紀時改變了。當時我因為貪玩，急著長大，想趕快脫離校園那種沒有自由的束縛，因而認識了一些校外的中輟生。後來我真的因認識他們而脫離了沒有自由的學校，但也因此埋下進入監獄、失去自由的種子。

剛開始與那些中輟生在一起時，他們慫恿我蹺課參加廟會活動，漸漸的我又認識了一些比我大兩、三歲的不良少年；然後開始進入賭場跑腿，進而染上毒品。為了買毒品，我開始幫他們送毒品，賺取毒品吸食，就這樣踏入了人不像人、鬼不像鬼的生活，每天為了毒品出賣尊嚴。

當時我最害怕的，就是在鏡子裏看不到小學時那個單純快樂的自己。表面上，我裝出一副無所謂的樣子，心裏其實很害怕會這樣一輩子沒有尊嚴地活下去。

販毒，家庭破碎

我曾經偷偷地戒毒，但都沒有成功。或許就是這一點點潛在的上進心；所以老天爺也想拉我一把，讓我認識了這輩子最愛的女人。因為她時時刻刻的鼓勵與照顧，我成功把毒品戒了。

退伍後，我也棄惡向善過了一段日子。然而，那段在賭場與毒品中周旋的日子，在我心中已埋下錯誤的價值觀，此時此刻悄悄地萌芽茁壯。為了滿足物質欲望，我開始販毒，最終自食惡果，被判重刑，進了監獄。後來那個我最愛的女人——妻子和我離婚，帶走三個小孩，只剩家裏七十八歲的老母親，每天以淚洗面地等我回家。

我不知道你們相不相信報應，但報應卻真真實實地發生在我眼前。過去我認識的那幾個中輟生，一個因為常將毒品加料稀釋，結果害人害己——別人也學他把要賣給他的毒品加料，他因吸食加料的毒品，幾年前已毒發身亡。

另一個因為加入暴力討債集團，施暴虐待那些欠債的人，甚至把人逼至死地。缺德事做多了，連上天都看不下去。二〇〇一年，他載兒子上學途中，被仇家追殺出了車禍。兒子撞成了植物人，妻子受不了刺激，自殺身亡；他自己則因此精神異常，流落街頭。

再來就是我了。過去不知多少人因為我販賣的毒品而家庭破碎，而我不也因為販毒被判重刑，妻離子散了嗎？

然而，我很感恩可以活到現在。可能我平常多少會做點善事幫助別人，也可能是我對父母還算孝順，從不忤逆頂嘴。或許就是因為這麼一點點的良知，老天爺留了我一條命，希望再給我一次改過自新的機會，並在未來可以幫助更多人，以贖償我的罪過。

為家人，決定改變

我在大女兒國小三年級、小女兒剛滿月時入獄。那時家裏只剩老弱婦孺，生活全靠我前妻一個人支撐。當我知道她常寫信寫到睡著……心就像被人撕裂了那麼痛。

從那時起，我每天回想過去所作所為，連累家人，變成現在這樣子，又得到什麼？這是我決定要改變的第一重點。

再來是，那時年幼孩子講的話，感覺背負著「爸爸是犯人」的標籤，讓我很心痛。他們那麼天真無邪，竟然要為我背負這麼沈重的包袱。所以，我改變最大的動力，是家人。他們因為我抬不起頭來，我希望有一天，他們敢大聲地說，「這個人是我爸爸！」

我聽到很多人說，等回歸社會才要改變。我想的是，沒有當機立斷改變，等一腳踏出這個大門後，可能就忘得一乾二淨了。

改變，是要下定決心的。因為當我們要改變時，往往會掙扎於過去與現實之間。過去曾是呼風喚雨的人，要變成隨時被人大小聲、呼來喚去，以及閒言閒語等，當下能忍得過嗎？

那是一種很煎熬的過程。我練習「忍」時，就想著我的媽媽、小孩正等著我回去；後來有同學對我說，用忍的不是辦法，等爆發出來就無法收拾了。

一想到這些話，夜晚人靜時，我思考該怎麼辦？

只有把它轉化，不是壓抑和忍耐，才能真正達到改變的效果。

武功祕笈，當下改變

我從戒掉「三字經」開始，到現在一次都沒講，吵架時也就講不出來了，暴躁的脾氣一點一點化為無形。

還有就是「請」、「對不起」常常掛在嘴上，就像「靜思語」有句：「如果要鏡中人笑，自己要先笑。」我覺得很有道理。

《靜思語》好像一本武功祕笈、錦囊妙計一樣。雖然看靜思語時，往往過了就忘；然而，遇到事情，靜思語就會突然蹦出一句來，剛好符合我所需要的智慧，然後事情就化解了。

讀到《靜思語》也是因緣巧合。在監獄裏上課，每星期都要寫週記和讀書心得。我沒有書抄寫，就拿「靜思語」抄，每星期抄寫四、五句，三年下來潛移默化，我發覺每一句都有深刻涵義。當遇到困難時，《靜思語》的一句話，可能就是解決的方法，對我人生有很大啟發。

再來是，我要那麼多年才能出去，屆時現實環境也許不是我所想像的。剛好慈濟志工進來學生隊做教化。潘惠珠師姊和高惟瑛師兄說，如果想改變，不一定要等到出去，當下就可以做了。

那是觸動我寫這篇文章的動機。

大家都想把最美好的一面呈現在別人面前，隱藏不好的，很少人像我這樣自揭瘡疤給你們看。這篇文章的每一字、每一句，都像一把刀刺向我的心臟般那麼痛。

我最終目的，就是希望每位國中生，正在變壞的也好，正在受人利用的也好，能在看到這封信後，及時回頭。

針對在監獄裏服刑的人，我勸同學們回去後不要吸毒了，有些人會回答：「都不知道出不出得去了，還要改變什麼？」我覺得這是不負責任的話。服刑，是對我們做錯事、對國家刑罰負責；改不改變，則是對自我良心的負責，我覺得非常重要。

真心，從感動到發願

在這裏念到國中三年級時，國文老師要我們寫作文，題目是「三年裏的回顧」。我第一段就寫：「如果過去有像正德學校這些老師、長輩在旁做榜樣，我的人生應該會不一樣。」聽聽他們的人生觀，慢慢地吸收，我才發現原來人生不投機取巧，一步一腳印，也可以過得很好、很榮耀。

此外，就是慈濟志工們的教化。我親眼所見，同學們從排斥到稍微有感受，然後感動，進而想改變的過程。

有同學對我說：我看到潘師姊他們那樣做，我有感動到耶！我也想和他們一樣去幫助別人，應該怎麼做？

雖然只是三言兩語輕描淡寫，但受刑人其實都有某種人格特質，才會犯罪。要讓一個受刑人從排斥、到有感受、到能接受，進而想改變，中間要付出多大的心血和心力，可能連家人都做不到。

進來做教化的人很多，為什麼是慈濟師兄、師姊打動我們？一個字「真」，真心啦！他們那種付出，讓我感受到非家人以外的愛，卻又像家人的愛那麼真。我渴望成為慈濟志工或老師那樣的人，出獄後也想回來服務同學們……

後悔，人生最大的懲罰

你們知道嗎？在監獄裏，我常看到有些年輕人因為被人利用——送毒品而誤觸法律，被判重刑。在他們的認知裏，以為幫人送毒品不是什麼大不了的事，但法律上卻不是這樣認定。任何人，只要參與販毒過程的其中一部分，就屬共犯，必須負販毒的法律責任。

前一陣子，我們舍房來了一個十八歲的年輕人，就睡在我旁邊。他的情況和我當年很像，也是因為愛玩、急著長大，僅僅嘗試了一次碰都不能碰的毒品，結果被利用送毒，最後法官認定他幫人送了十次毒品，每次判刑五年，累計五十年，合併應執行有期徒刑二十年。

晚上睡覺時，我常看到他偷偷地掉淚。他告訴我，自己還這麼年輕，精采人生才剛要開始，卻糊裡糊塗地進到監獄，要在這個沒有自由的黑牢裏，度過原本應該是最燦爛的年輕歲月；他以前那些所謂生死與共的好朋友，卻一個個地離他遠去，唯一剩下的就是當初被他忤逆頂嘴的媽媽，仍不辭辛勞送來關愛。

他說，當初媽媽曾一再地阻止他與那些損友們在一起，但總認為那些一起吸毒的朋友不會害他，也因此常頂撞母親，氣得她傷心流淚。

他告訴我，最後悔的就是沒聽媽媽的話。有時看到他被欺侮時，我想，當下他心裏感受到最大的懲罰，並不是被打，也不是被罵，更不是失去自由，而是後悔！

「人生最大的懲罰是後悔」，外在的傷口終究會癒合，但內心深處的後悔，卻是永遠追不回來了！

後悔，其實也折磨了我五年。當我背負二十多年的刑期，望著會客窗那頭七十多歲的老母親，與天真無邪的小兒子時，我才驚覺失去了什麼。母親的天倫夢碎了，小孩的歡笑聲沒了，我為自己編織的虛華夢，也終於清醒了。看著他們一老一小離去的背影，我痛哭失聲。

如果人生能再重來一次，我一定不要急著長大，也不要選擇這條讓母親傷心的不歸路。

留下美好，不放棄明天

懺悔，是我現在最重要的功課。記得剛入監服刑時，我曾絕望地想放棄一切，因為一想起我的刑期與母親的年紀，要等到我回去盡孝，似乎是不可能。然而，就在此時，老天爺竟又再次眷顧我。

在一次偶然的機會裏，我看到了一句「行善，行孝不能等」的靜思語，猶如當頭棒喝地敲醒了我。

雖說我身體被限制了自由，但我能給予母親的關愛，可以不受高牆的束縛；雖說我能做的善行，受到空間約束，僅能幫助有限的人，但只要讓它擴散出去，任何人都能替我完成助人的心願。

就這樣，我效仿二十四孝裏的老萊子，向母親撒嬌，讓她覺得仍然年輕有活力；我也儘可能地幫助有需要幫助的獄友，讓愛循環不息。

過去的人生充滿後悔，未來，我不想再讓生命有遺憾。如果你們的人生也正因為貪玩和急著長大，因而萌生錯誤的價值觀，讓我虔心誠意地勸你，及時回頭是最好的選擇。千萬不要讓後悔這樣的懲罰，在你們年輕璀璨的生命中留下痛苦的疤痕。

人生在世短短數十年，真的要留下一些美好給別人，哪怕只是一個幫助，或許就能改變他人一生。

我是個沒有未來的重刑犯，現在也還在為不放棄明天而努力；你們的人生才正要起步，更千萬不要輕言放棄。

註：陽過已於二〇一四年七月正德進修學校國中畢業，考上並移監至桃園的高職就讀，往後亦朝著考大學的目標前進。

破而後立

我是同學眼中的「怪人」！
這個「怪人」，不想為了雞毛蒜皮的事爭執不休，
為了所謂的「鋩角」大發雷霆；
因為每一次的爭執，都是對生命的剝奪，都是一種「謀殺」。

文／淡然

小時候家裏窮，當大多數同學住的是公寓時，我家像工寮一般，是自行釘製的小木屋；當大多數同學放學後和社區鄰居小孩玩樂時，我和姊姊通常在一堆「古人」的「故居」叢中，跟家裏的貓狗玩捉迷藏；當別人的玩具是無敵鐵金剛或科學小飛俠時，我的玩具是木頭隨便拼湊的「混世大魔王」。

當別家的小朋友零食吃多了而吃不下飯被家人修理時，我和姊姊卻為了一支冰棒大打出手。因為天真無邪的我直到國小一年級，才發現原來我老姊

從小告訴我那種三塊錢、吃的時候要扭開塑膠頭的「百吉冰」棒，除了那小小的一節頭是甜的之外，長長的柱狀體全是苦的。在我嘲笑同學傻子——不知冰棒的柱狀體是苦的時候，我終於發現自己被騙了N年，當天我和老姊打了一架。

當別的同學父母假日帶著他們去遊玩時，我跟著阿公、阿嬤在公墓旁的菜園裏挖泥巴玩；當別的同學看漫畫、打電動時，我抱著不知道哪裏撿來的半文言版《濟公傳》當課外讀物，更把一個個墓碑當成障礙，大玩忍者遊戲……

不受規範，框框外的童年

簡單來說，小時候我住在公墓中自家亂蓋的違章小木屋裏，公墓附近的山林田野都是我的遊樂場。我的老爸、老媽在我小的時候就離婚，我和姊姊跟著老爸，可他偏偏又是個瀟灑的水手。於是，在別人眼裏，我就成了單親家庭兼隔代教養、且帶點鬼氣森森的怪小孩。

然而，我卻從未因此而難過或不平衡，反而讓其他小孩羨慕不已。他們有的父愛、母愛我都不缺，因為我有爺爺、奶奶；他們和我打鬧之後回家告狀，也從來不是我吃虧。在我家附近的小社區裏，我的爺爺輩分之高，簡直無與倫比。同學的爸媽大都得叫我小表弟，少數還得尊稱我一聲小叔叔！

坦白說，我這輩子挨揍不計其數，還真沒因為「不認真讀書」被打過。對窮得掉渣的我來說，一百分的考卷是我少數賺取零用錢的機會；為了這個機會，我簡直拚了小命讀書。

或許從小自由慣了，我從來就不是個容易受規範的人。如果非得面對規範，我肯定是第一個逃脫的人。從小我就貫徹「不自由毋寧死」的思想。我最喜歡做的事，就是打破條條框框，然後潛進沒有框架規範的世界，做自己想做的事，即使因此造成衝突、傷害，也在所不辭。

我想這樣的性格，除了跟我家採取的放任教育有關，也和我社區裏那些叔叔、伯伯有關吧！

離我家最近的社區叫「嶺腳」，我家就在嶺腳社區的邊緣。構成小小社區的人，十之八九都是親戚，而這些親戚中，又有八成以上的男丁是流氓。從小我就見慣了流氓百態，耳濡目染，骨子裏也難脫流氓習氣。

只是這樣的習氣在我小學時還不明顯，甚至還是被人欺凌的角色，一直持續到國中。

不成調的戀曲，懵懂的成長

我生命中第一個轉捩點，應該是我的初戀吧！那時我瘋狂地喜歡上一個隔壁班的女孩，學會蹺課，只為多和她相處。稚嫩得還相信童話故事的我，以為這就是所謂「王子與公主幸福快樂在一起」的童話結局。

哪知有天黃昏，我突然被一群中輟生圍堵在巷子裏痛扁一頓。在一陣狂亂的拳腳中，我看見「她」雙手抱著胸，冷眼站在人群外看著我……

那一天是怎麼收場的，我已經忘了。反正從那一天起，我發現自己突然長大了，當時我才國中一年級。

「幻滅是成長的開始」，從童話的幻滅中成長的我，帶著夢醒的悲憤，過了好幾天食不下嚥、睡不安穩的日子。

然後我又挨了一頓痛罵。社區裏的孩子把我悲慘遭遇當成笑柄，風聲傳到我那些流氓叔伯的耳中，他們一點也不同情我情傷未癒，還說我丟了社區的臉；然後硬拖著我，沿街找尋那幾個痛扁我的人，再將他們狠狠地教訓了一頓。

當那些人俯伏在我腳下時，我突然發現自己不只是個「經歷過感情」的大人，甚至還是「上過戰場」的漢子。從那天起，我為自己擁有的能力——「暴力」而雀躍。我覺得自己是個男人了，是個能快意泯恩仇的男子漢了；所以，開始學習那些流氓叔伯們所謂的「暴力美學」。

井底之蛙，沒有自信

流氓會抽菸，所以我學抽菸；流氓要應酬喝酒，所以我跟著應酬喝酒；流氓要會賭博，所以我學會各種賭博方式和規則；流氓要有一擲千金的魄力……剛好在我升國中時，跑船的老爸回到岸上開始做生意，我家開始有點錢，我也就不缺錢了。對當時的我而言，似乎就該當個流氓。

有人說，「絕對的權力使人絕對的腐化。」在我的小世界裏，我就是主宰。我呼朋引伴，結群成黨，在我的社區裏當個小霸王。雖然沒有膽子做到「匹夫一怒血濺三步」，難免還是做出「小子一怒鼻血兩行」的地步。

在我們那個小小社區裏，小一輩如我簡直就屬「螃蟹」族，橫著走；見識淺薄的我，就在小小的井裏，認為自己的天空無限寬廣。

隨著年齡漸長，國中都差點畢不了業的我，開始接觸社區以外的天地，也開始發現自己有點聽不懂其他人說的話。那些我「手下敗將」說的話，我根本不能理解。什麼「微積分」、「之乎者也」、「十字軍東征」、「經濟學」……我意識到離自己好遙遠。不願接受正式教育的我，內心恐懼終將成為他人眼裏的「蠢蛋」。

在不服輸、怕丟臉的心態下，我決定用社會經驗彌補知識上的落後。我開始一個工作一個工作地換，每個工作只要覺得學到皮毛就換。

我做過泥水工、木工、服務生、業務員、電腦維修員、電動玩具業務員；也當過臨時演員、油漆工；更開過泡沫紅茶店、便利商店，甚至連靈骨塔都賣過。

在這些豐富的經歷裏，我其實沒有真正學習到任何專業技能，學到的只是每種工作的基本概念罷了。然而，這些看似豐富的經驗，卻成了掩蓋自己無知的最佳堡壘。誰敢說每種行業都能吹出梗概的人，是個什麼都不懂的笨蛋。即使我是個草包，至少也是個聰明的草包吧！

這樣的日子，一直持續到我服完兵役退伍。在門面上，我是個小有名氣的混混；然而，真實的我卻只是個醉生夢死，不知所謂的混蛋。整天吸著社會資源的血，卻完全沒有一點貢獻。哪怕我結婚生子了，都還不真正明白自己究竟要的是什麼樣的人生？只是渾渾噩噩地過一天，算一天。

直到我犯下殺人重罪，被捕入獄……

真實謊言，掙扎的靈魂

回想那天夜裏，與同伴相約喝了些酒，席間同伴提起與人有些「是非」之事。趁著酒意壯大的膽子，我與同伴將那人找了出來。原本只想談判解決事情，不意隨著酒精的催化，言語衝突愈來愈高，最後演變成全武行，一發不可收拾。

我全然忘了在那幾分鐘裏的自己，為何會有那樣瘋狂殘忍的念頭。當他毫無聲息地躺在我腳邊時，我才恢復理智，也才明白在那難以記起的幾分鐘裏，我犯了彌天大罪，殺了人。

平時自認膽大的自己，在驚覺犯下重罪時，我只想要逃，逃避接踵而來的懲罰，逃避法律制裁，因而選擇湮滅罪證。

然而，世上沒有不透風的牆，更沒有永遠隱藏得了的罪；所有的事，總有一天將被攤在陽光下，被所有人檢視。我犯下的罪，終究被揭露出來，而我也被捕入獄。

打官司之初，我與大部分罪人一樣，堆砌無數的謊言來掩飾己罪，合理化自己的犯行。那段時間，堪稱是我生命中最黑暗的時期。因為我不得不催眠自己相信自我羅織的謊言。那就像一個人明明見到的是「白」，卻得硬說是「黑」，還得想辦法說服自己真的是「黑」一樣矛盾、難受。

每一天，我就像將自己剖成兩半，讓謊言的一半與真實的一半相互征戰。悲哀的是，這是場不義的戰爭，如果「真實」贏了，我將失去自由，乃至生命；假若「謊言」勝了，我將失去自我與靈魂。

沒有硝煙的戰爭，以我的心作為戰場，時時刻刻都在攻伐，都在廝殺，而我就在這種他人看不出端倪的戰事中，一點一點地沈淪，一點一點地憔悴……

儘管如此，我依然緊抱著私己的狂妄個性不願更改；縱然非常後悔，卻一點也不願意表現出來。就是這樣的囂張態度，讓我被判了死刑，然後開始長達九年半的死牢生涯。

失去所有，省思的開始

在那段最黑暗的日子裏，我幾乎失去了所有可以失去的。我用盡了自己的積蓄；離了婚，兒子的監護權也不歸我；我所有自認為的好友，一個一個遠離；父親為了我罹患重度憂鬱症而幾度自戕；連自小最愛我、疼我的奶奶，也因為操勞我的事而病逝……

我幾乎一無所有，除了自己還在苟延殘喘外，我與這個世界幾乎隔離得乾乾淨淨。

我被粉碎殆盡。所有原本架構起來保護自己的城牆，沒有剩下一絲半點，全成了可笑的塵埃。然後我才知道，在層層偽裝下的我，是如此不堪一擊。

特別是當姑姑來看我時，悄聲地告訴我，奶奶在人世間最後一句話，居然是所有孩子、孫子裏，她覺得我最孝順。

我瞬間崩潰！

我真的不明白，為什麼老給家裏添麻煩的我，居然是她老人家眼裏最孝順的孫子；其他兄弟姊妹們明明都比我乖巧聽話，卻沒能在她最後的時間裏，讓她掛懷一二？

或許是因為在她眾多的子孫裏，只有我一個人被關在監獄裏吧？以致到她臨終之際，都惦著、念著我這個不孝的孫兒。

從姑姑來的那天起，我開始仔細省思自己的人生和往昔的作為，也開始改變自己的想法，導正自己的腳步，希望自己能不負奶奶的期望，有朝一日堂堂正正地做人，不讓奶奶在天國裏仍要為我煩心、憂慮。

敲碎虛妄，望見真實

人的一生總會有遺憾，總會有想做卻來不及做、想說卻來不及說的話。以前，我被五光十色的虛華生活迷惑，被不切實際的英雄夢遮蔽，看不見真實的情感及周遭關心我的人。

我以為可以駕馭一切，以為可以掌控一切。直到我被縲絏纏縛，被囹圄圍困，被一次次的死刑宣告，並失去一個又一個親人、朋友時，有如被肢解破碎的我才明白，原來我什麼都不是，原來我以為的，全都「以為」錯了。

現在，承受罪責的我，卻意外輕鬆，意外平靜及踏實。因為我發現，在敲碎一切虛妄後剩下的真實，才是我最大、最寶貴的財富，讓我重新立穩腳跟，迎向嶄新生命的根基。

也因此，在這高牆圍起的世界裏，在許多同學眼中我儼然是一個怪咖。一來，是因為我常常不把自己當成一個「犯人」看；再者，就是我對自己的生活品質不太要求。許多同學因為我的「怪異」，與我保持距離；接著就出現同學眼中的第三怪——我根本不會因旁人的眼光，「修正」自己的想法。

對熟悉我的人而言，都知道我是個曾經頂了九年半「死囚」頭銜的人，自二〇〇〇年到二〇〇九年底，從地檢起訴到更五審判決，通通都是「欲求其生而不可得」。

每一次被宣告死刑，我就得重新思考一次人生中的遺憾，及至接連面對長輩相繼過世，諸多種種的打擊與生死之間的壓力，在在粉碎我原本自以為是的堅強。

一度我幾乎要質疑自己活著究竟是不是種拖累，進而試過自我了結；也不知幸或不幸，直到現在，我還呼吸著。

慚愧與感激，積極彌補過錯

我的命是重新獲得的，我的每分每秒都是上天給我的恩典。如果當初我不是那麼殘忍、冷酷地剝奪了另一個人的生命，我也不會被判刑入獄，幾度遭到極刑宣告。

然而，就是因為曾經沒給人機會，所以當我竟然能得到活著的機會時，其實是格外慚愧與感激。

特別是被害人的母親，因我而喪子，又因打官司而家庭破碎；如今過著並不好受的日子，卻願意放下對我的恨，簽下最終使我得以改判無期徒刑的和解書時，我的心簡直像燒紅的針在刺一般，羞愧到痛！

我實在不知如何用筆墨述說每次想到此處，心中複雜的感受；但是我知道，自從那位母親願意放下的那一瞬間起，我的命就不再屬於自己的了。

我得花一輩子的時間彌補我的錯，我得用餘生證明她選擇放下是對的；我得告訴自己，有一天能代替被我剝奪生命的她的孩子來盡孝；所以，我沒有辦法忍受自己浪費在監獄裏的日子，浪費在無所謂的爭執與比較上。

對我而言，能不能把活著的每一分每一秒都過得有「價值」，才是最要緊的事。

官司確定發監執行後，除工廠作業時間之外，我努力學習技術，更進入花蓮監獄附設正德進修學校完成高中學業；接著跟隨慈濟李玉蓮師姊學習攝影及剪接，還嘗試寫作；我想好好充實自己，為了將來出監後能儘早正常生活做準備。

我有資格浪費嗎？

每天把自己搞得很忙的結果，是讓周邊的朋友以為我是個神經病，一點也沒有犯人的自覺。可是我有時間浪費嗎？

常常我的衣服破了，毛巾舊了，我還捨不得換。穿著破衣服晃來晃去，幾個朋友實在看不下去，想買新的給我，我總笑著拒絕。

現在我所有生活費都是老媽的私房錢，沒有一毛是自己賺的；我有資格浪費嗎？

周遭發生的事，我常常冷淡以對，無論有人指著我罵，或指指點點，我幾乎不放在心上。有的朋友覺得我修養好，有的人則認為我沒個性，更有甚者說，我膽小怕事。

其實我只是單純地認為，如果我連這些小事都無法承受，我又憑什麼承受出獄後可以預見的挫折與冷眼？我有什麼立場發脾氣？

反正我就是同學眼中的「怪人」！而這個「怪人」，不想為了雞毛蒜皮的事爭執不休，為了所謂的「鋩角」（閩南語：比喻事物細小而且緊要的部分）大發雷霆；因為每一次的爭執，都是對生命的剝奪，都是一種「謀殺」。

改變自己也不能等

雖然我是基督徒，並不承認來世今生的因果論；然而，我相信世上是有因果的——做了什麼，就得承擔相應的後果。這是絕對無法逃脫的事實，無論是好事、壞事，都脫不開這樣的法則。

很多人說，人生是一張大網子，你選擇走哪一條路，就會有不同的未來。現在，我們都因過去的選擇錯誤，進入藩籬之中。那麼如果不改變自己的思路，仍舊沈醉在舊我的思維邏輯裏，如何能改變自己的生命理路？如何能走向自己想要的未來？難道真要到了無法回頭時，才懊悔遺憾？

《靜思語》說：「行善、行孝不能等。」同樣的，改變自己也不能等啊！

《聖經》上有一則故事：一個財主在豐年時計算著自己的收成，計畫將收成賣了，買更多的地和倉庫，聘僱更多人，未來賺更多錢。

結果上帝出現，告訴財主：「我今晚三更就要你的命，你的計畫又有什麼用呢？」人的計畫不及神的計畫，如果下一分鐘就沒命了，那麼我們是不是可以讓自己、讓身邊的人沒有遺憾，是不是可以無懼地走向彼岸？

足足九年半的死囚生活，走在生死的邊緣，送過多位走上刑場的死囚朋友，我不僅僅見到別人的悔恨，也親嘗家庭破碎的滋味。每一次被死亡的警鐘震醒，就為自己的人生再遺憾一次，再想起更多悔恨的過去……

我無意以自己的經驗和體會成為解釋人生的道理，只希望藉此提醒大家，找個空檔靜下來想一想：現在的所思所想、所作所為，有沒有可能成為日後自己最大的遺憾？

過去、現在、未來

文／成漢

誠實面對自己，天下沒有克服不了的事。
前半段的人生，我失去了自己；
今日的我，找回最初的心，將在後半段人生拿回發球權，
好好地為自己揮出生命最耀眼的一棒！

「○成漢，你因犯下強盜及其他案件，全案都已確立，而你也都已經認罪，本席判你○年○月，若不服裁定可以提出上訴。」

阿母的淚，醒悟的心

我並沒有提出上訴！不久之後，發監執行。來到臺北監獄，這個既熟悉

又陌生的環境，是我第二次進來，心中無限感慨！

第一次，是因吸毒勒戒。因有再吸毒的傾向，法院裁定戒治，進到臺北監獄接受戒治，服刑一年三個月。

出獄後，我於二〇〇五年又犯下槍炮彈藥管制條例，且未判刑前又再染上毒品。因入不敷出，在毒品的誘惑下，持槍搶劫，併案以竊盜、施用毒品罪被捕，判刑十一年八個月。

身處看守所，當藥性作用消退了後，我驚覺自己好像做了很多壞事，捫心自問下才知痛恨自己、討厭自己，不敢面對自己。

回想過去種種，本身個性暴躁，動不動就吵架、打架，整個價值觀完全扭曲。一旦面對冗長刑期，整天渾渾噩噩，對人生沒有信心，更別說盼望了，無數的消極念頭盤旋在我腦海裏……

就在這負面情緒一直蠶食我時，發生了一件事，讓我的生命出現逆轉，也改變了我。

「〇〇〇會客！」怎麼這時候叫我會客？我帶著一顆忐忑不安的心來到會客室，看著緩緩升起的鐵捲門後，一個我朝思暮想的人出現在鐵窗那頭。

我的阿母！她對著我微笑，並指著話筒，要我把它拿起來。我儘量壓抑情緒，照她的話做。

「喂！阿漢！你怎麼變得那麼瘦，天氣那麼冷，你有沒有多加件衣服保暖啊？」頓時，我潰堤了，淚水奪眶而出……

不知過了多久，我抬起頭望著鐵窗外的阿母，她也頻頻地拭淚。我說：「阿母，歹勢，我又再次讓您失望了，請您原諒我！」

阿母非但沒有責怪，反而說：「不論你這次要關多久，媽媽都會等你回來。家人並不會因你一時的犯錯而放棄你，所以你也不能放棄你自己，知無！」

當下，我真的醒悟，並暗自發願：「我決定改變！」

阿母的笑容，貴人的鼓勵

會客時間結束後，回到舍房，整個晚上我都思考著該如何改變。隔天早上，有個強烈的念頭浮現，何不報考學生隊讀書，重拾書本，充實自己，追回青春時就該擁有的學歷。

然而，考驗才開始。

因沒有另案，隔沒多久就被移監到臺東泰源技訓所。不過，我一直沒有放棄讀書的念頭，每天祈求禱告：希望上天指引我一條明路，讓我能報名參加學生隊；屆時定會好好用功，不再讓家人失望。

祈求，果真實現了！臺東泰源技訓所有三十幾人報考花蓮監獄附設正德進修學校國中部，只有我錄取。不僅感謝上天，更感謝老天爺對我的疼惜！

來到花蓮監獄附設正德進修學校讀書後，我一直努力充實自己，也報名參加英文查經班，學習英文及認識上帝的恩典。皇天果然不負有心人，我在國中部三年，最後以總成績第二名畢業。

畢業典禮當天，我的阿母出席了。事前，我並沒有告訴她會上臺領獎，一直到典禮開始，臺上唱出我的名，我一步一步地走上臺時，瞄看了坐在臺下的阿母，只見她滿臉淚水，卻露出喜悅的笑容。

三十年來，我從來沒有像這一刻讓阿母開心；我知道，這只是開始。

而後，我隨即參加高中部考試，也順利考上了！

幾年來，我遇到人生第一對貴人——李安生先生及黃真貞女士。當時他們正在編輯一本關於受刑人的書，透過我的舅舅，他們得知我正在服刑，從正德國中部時就寫信給我、關心我，在我人生面臨低潮時，不斷給我鼓勵。

他們曾在信裏告訴我，我的人生是「因禍得福」。起初，不懂為什麼他們會如此說？經過不斷地反思與反省，我體悟「原來生命若沒有這一段歷程，我可能早已不在人世間了。」此時，我內心裏一直沈睡的天使被喚醒了。

我從未與這對貴人謀面，他們卻像是我人生中的菩薩，帶給我無限的福緣；因為他們不斷地提醒與鼓勵，讓我漸漸成長，也讓我在迷航人生中找到正確航向。

父親輕生，攪動我心深處

回想自己十四歲、國小畢業就到社會中做「歹囝」，國中讀兩個月就輟學。不愛念書的我，每有大人叮嚀去上學時，總是想盡各種理由逃避；日後，看日本壽司師傅很帥氣，十七歲時便跑去學做日本料理。

十八歲前的自己，並不吸毒。因為在老一輩的「兄弟」傳統觀念裏，「吸毒、偷竊者，不適合當流氓。」對此謹記在心的我，曾是大哥非常疼的小弟，染上毒品後，失去了自己，頭抬不起來之下，只好選擇離開。

十九歲第一次被判強制戒治，隔年父親因久病而輕生，我是最後一個趕到醫院的人。在太平間，被伯父喝令跪下，爬進去見父親最後一面。當我看到父親時，他似乎死不瞑目，我對他說：「爸，我來了。」他才微笑地合眼。

日後花蓮監獄教化課程中，慈濟志工播放捐贈醫學研究的大體老師火化場景時，令我想起父親往生的那一幕，引發我內心深處極大的波濤。

誠實面對自己，沒有克服不了的事

曾經，因為吸毒，讓媽媽看到我的臉都覺得害怕；到花監念書後，媽媽每三個月來看我，她說：「你臉上的暴戾之氣、殺氣都沒有了……」

幾年下來，為了不虛耗時間，我努力學習英文，並發覺分享小小的祝福，一句「你好，耶穌愛你喔！」「你最近好不好？」就能帶給別人快樂。

雖然有時我會感到困惑，這樣用功到底有沒有用？幾番思考後，我給自己肯定的答案：「到目前為止是有用的。」我知道這是一個考驗，在踏出監獄這個大門後，考驗才會真正開始，面對家人、面對別人異樣眼光，我需要生存下去。

曾經，我多麼害怕面對過去的自己。因為那是一個不折不扣，因吸毒而偷、搶、拐、騙的渾蛋。這是不變的事實，但此刻我深信不疑，一旦誠實面對自己，沒有什麼是無法克服的。

失去自由八年多，我常告誡自己，絕不要再走回頭路。現在的我很肯定地說，過去那樣荒唐、無知的我，已隨著這趟囹圄生涯埋葬了；也知道將來重返社會後，需面對更多的挑戰，更多的瓶頸，以及許多的異樣眼光。然而，我有信心，即使是再大的挫折，我也不能輕言放棄。

這樣的信心來自於慈濟的高惟碤師兄。他在一次的教化活動中，分享他個人人生經驗。如果不說，很難想像他過去是個狠角色，而發生在他人生中一連串的轉變，使得善念的種子，在他及他家人心中發芽；呈現在我們眼前的，是他微笑的臉，與我們分享其生活點滴。

這只是一個舉動，卻讓我感動，也以他為學習對象。

他是一個活生生的例子，使得他如此堅定不移的原因，到底是什麼？那就是「愛」！不只是他，包括來到學區的師兄、師姊們，從來不把我們當受刑人看，也不在乎我們過去的身分，帶給我不少的衝擊與震撼！

如同他們一樣，其實我們都可以做得到，即便是一粒再小的種子，只要心存善念，從當下開始播種、灌溉；它，就會發芽、成長、開花、結果，甚至長成一棵大樹，供人乘涼。

機會，只給準備好的人

人的一生中有許多巧合與機緣，也有許多不確定因素，卻也因為這樣的結合與碰撞，產生諸多因緣、結果。

然而，遇到這些因緣的時候，該如何把握，是值得探討及省思的問題。有的人常常說：我在等待機會。卻是原地踏步，不付出行動，一再苦苦守候，也不見機會造訪，這是心態問題，因為「機會只給準備好的人」。

非常感恩，有諸多因緣際會發生在我身上，讓我的人生因而翻轉。在花蓮監獄附設正德進修學校就讀六年，是我人生的一個轉捩點。不僅在知識上有所增進，在觀念上，更因接觸到對的人、做對的事而導正許多。

在高中部臨近畢業時，慈濟團隊來到學區與我們接觸，更讓我的人生豐富多采。短短幾個月的互動，我接收及學習很多新的、正向的觀念；心，也因此更加寬闊。

雖然畢業後回到原單位服刑，但慈濟師兄、師姊鍥而「不捨」的關心，除了來信關懷，更跋山涉水地來探望我；因為他們的不離不棄，讓我更加了解自己的價值所在。

我的過去如此無知、懵懂，如今我坦然面對，也對將來深具信心。期盼將來出獄後，能再重回日本壽司師傅行業，畢竟那是我當初的憧憬和夢想。

還要感恩的是，在這段囹圄歲月裏，不斷給我鼓勵、教導的貴人們，以及一路對我不離不棄的家人們，若沒有您們的教導、陪伴，就沒有今天的我！今後最想要做的是，回去後要多花時間陪陪媽媽和舅舅，並再從擺地攤賣壽司做起。

六年來的過程與轉變，與其說是「蛻變」，不如說是「脫胎換骨」。我暗自期許，有朝一日能盡自己的本分，為這個社會盡綿薄之力。

前半段的人生，我失去了自己；今日的我，找回最初的心，將在後半段的人生，拿回發球權，好好地為自己揮出亮眼奪目的一棒……

未來並不可怕，只要自己願意，每個人都可以為自己寫下燦爛的一頁，寫下一個不一樣的人生。雖然我還有一段路要走，時間長了點，但我相信這一切是值得的；因為已深植一顆屹立不搖的心，我肯定能做到，謹此衷心期勉自己！

註：成漢已於二〇一五年四月假釋出獄，八月考上東部一所技術學院，繼續求學奮進的人生旅程。

三個遺憾

文／家偉

生命無常，驚覺太多的來不及——
來不及孝順父母，來不及多陪陪孩子，來不及完成夢想……
此刻，我還活著，還有實現夢想的能力，
我想將每個機會當作是人生最後的機會，
把握生命每一個當下。

二〇一四年，炎熱的八月天，早上六點，我被一陣熱風吹醒。起身環視周遭的室友，依然還在睡夢中，唯獨我一人躺在只有一尺八寬的竹蓆上，凝視著窗外蔚藍的天空，點綴著棉花般的白雲。

不知不覺間，我的思緒隨著片片浮雲，飄回到二〇〇五年的夏天……

吸毒，一發不可收拾

當年，我二十五歲，是一間家電行的老闆兼配送安裝技術師。正值炎夏時節，冷氣機銷售的旺季，一天大部分的時間我都會在外面安裝冷氣，早出晚歸。

妻子在電玩店上班當開分員，兩個寶貝孩子大部分時間由爺爺、奶奶照顧；我晚上工作結束回到店裏後，再把孩子們帶回家。

回到家，獨自一人坐在客廳裏，一邊看著電視，一邊等著妻子下班；然後一起吃消夜，聊些工作上的八卦趣事，再一同進房睡覺。

這樣的日子雖然平淡，卻充滿幸福感！

然而，好景不長。有天晚上，妻子回家後，突然對我說：「不知道為什麼，我已不再愛你了，對於我們的婚姻，我也不知該以何種形式繼續維持下去……」

這句話有如青天霹靂，令我不知所措！

「怎麼會這樣呢？平時不是好好的嗎？」當下，我腦海裏一片空白，心情受到深度驚嚇，沮喪到了極點，猶如行屍走肉般地奔出家門。走著走著，拿起手機撥了電話，約一些朋友出來陪我喝酒。

想要藉酒消愁，誰知竟然愁更愁！有位朋友看我如此傷心難過，拿出了安非他命和吸食器，對著我說：「要不要吸幾口，看能不能暫時麻痹自己，不要想那麼多……」

我吸了一口後，一發不可收拾。那種感覺無法以言語形容。從此以後，我自暴自棄，家電行也無心經營，「反正家已經不在了，我何必那麼打拚。」

往後的我，終日沈淪毒海深淵之中，日復一日……

販毒，揮霍無度

對於吸食毒品的人而言，如果沒有足夠經濟來源支撐，無法負擔昂貴的毒品，所以我選擇販售毒品為主要經濟來源。因為深怕家人知曉，又擔心消息走漏，警察到家裏搜索以致連累家人，且若被多年的老鄰居指指點點，將使父母蒙羞。於是，我在外租了兩間套房，作為販賣毒品的聯絡據點；相對之下，大部分時間都在外頭鬼混，也就沒什麼時間回家陪伴父母與孩子。

在販賣毒品的那段日子，可謂是財源取之不盡，許多吸食毒品的辣妹整天黏在身邊揮之不去，只要有足夠的毒品提供她們吸食，就算拿掃把趕她們也趕不走。

如此之下，我的日子過得像闊少爺般，揮霍無度、多彩多姿！吃得好、穿得好、用得好，就連出門開的車也是賓士敞篷跑車……花錢如流水，反正錢沒了再賣點毒品就有了。

慢慢的，我對妻子的感情漸漸淡化。我想這可能是我潛意識裏對她的報復心態吧！

因為我不常在家，且生活日夜顛倒，回到家裏也是倒頭就睡，不然就是一接到電話立即出門；所以我的妻子從旁打聽，得知我在販售毒品，且常跟別的女人在外鬼混……

有一天，她忽然對我說：「家偉，你是否可以不要再販毒了，收手吧！」「我知道之前對你所做的一切，已經深深地傷害了你；但是為了孩子們的未來，你可以原諒我嗎？讓我們再回到從前那段歡樂時光。」

我在內心默默地問自己：「真的可以回頭嗎？」結果是否定的。人一旦墜入物質的享受和毒品的漩渦中，就難以掙脫。

迷航人生，高牆生涯

販賣毒品賺取的金額，使我的物質生活大幅提升，魔鬼的誘惑難以抵抗；所以我依舊販毒，依舊每天往外跑。

唯一不同的是，妻子每天以淚洗面等著我回家。如果我一天不回家，她就等一整天；兩天不回家，就等兩天，一定等到我回家，她才肯進房睡覺。

直到有天晚上，我在家裏的浴廁洗澡時，看到地板上有一撮撮的長頭髮，數量多到讓我震驚。匆忙洗完澡，我趕緊跑進房裏，仔細端視已經入睡的妻子頭髮，發現已變得稀疏，而妻子的手指頭，微微地顫抖著……

我猛然警覺，她因為我的關係，可能已罹患憂鬱症。當下我自然而然地舉起雙手，輕輕捧起她的臉，眼淚不知不覺地流了下來。原來我依舊深愛著她；只是因為吸食毒品而變了心性，暫時的自我放逐而已。我獨自走到客廳，坐在沙發上靜靜地思考，「真的可以回到從前嗎？不試試看怎麼知道？」

於是，我決定要把毒品戒掉，重新來過。但天不從人願！想得簡單，做起來卻是重重困難；才第三天就失敗了！

直到二〇〇七年七月的某一天傍晚，我在租屋處被便衣刑警逮捕了。最後經高等法院宣判，我因販賣毒品和非法持有槍械，判處有期徒刑二十一年定讞。就這樣，結束了一段迷航人生，走進了另一段高牆生涯。

來自妻子的一封信，改變的開始

來到宜蘭監獄三年多，每天走出舍房到工場就開始工作，休息時間就與同學們聊天打屁，盡聊些毫無營養的往事；回房之後唯一的樂趣，就是看些對自身沒有任何幫助的修真小說，日子就這樣一天天得過且過……

鐵窗內的生活就是這樣。非常的制式化，如果自己沒有想要改變自己，設定目標讓自己慢慢完成，生活就會像把音樂設定在 Repeat 一樣，不斷地重複播放，永遠停留在原點，把寶貴的時間消磨殆盡。

對！沒錯。我在宜蘭監獄三年，就這樣讓時間毫無意義地流失。我，還是和往常一樣，沒有任何改變。直到有一天，收到妻子的信後，人生觀整個改變。

孩子的爸爸：

我有個放在心裏三年的要求，就是我想要離婚。不是因為你所想的那些有的沒的因素，是為了我自己。相信你心裏也早已清楚，就算你回來，我們也不可能再回到從前了。我希望在不影響孩子的情況下，我們可以和平結束。

你不在的這三年，許多事都變得比之前更好，沒有更差。在這說長不長，說短不短的三年裏，我認真想了一想，沒有誰對不起誰，只能說緣盡了。

我對你已沒有任何的抱怨和責怪，只希望你回來後，可以好好彌補孩子及你的父母，珍惜和他們相處的時光。

另外，我要提醒你一件事，多寫信關心你父親。我感覺爸爸以前比較開朗，比較看得開，也比較樂觀；但自從你去服刑後，與他談話時，反覺他變得比媽媽還不開朗，將許多事情放在心裏。

而你，是他最疼的孩子，也是最擔心的孩子；多寫信給他吧！

三個遺憾

讀完這封信，心中百感交集，多年的酸、甜、苦、辣頓時湧上心頭。是啊！回憶之前的我，實在是紙醉金迷。我的刑期確實很長，長得連我都自身難保，又何必束縛妻子的大好青春呢！

和妻子牽手結褵將近十四年的婚姻，最終還是斷送在我手裏，是我第一個遺憾；眼看著孩子們漸漸成長，在他們最重要的成長過程，我卻在冰冷的監牢裏服刑，無法陪伴他們，是我的第二個遺憾。

最令我心痛的第三個遺憾，是父母生我、養我、育我，含辛茹苦地把我扶養成人，好不容易等到我結婚生子，三代同堂可以共享天倫之樂時，卻因我一時釀成的過錯，導致整個家庭破碎。

回頭想想，錢賺得再多又如何？它，無法買回我的遺憾；無法買回我的自由和青春；無法買回甜蜜的家庭……

我恨我自己，如此不上進！每位父母總有一顆望子成龍的心，我卻殘忍地把它給擊毀，傷透了他們的心。

三個重重的打擊後，我在心中默默發誓，不可以再漫無目標地過下去。服刑的這一段時間，一定要有所改變，以行動證明給疼我、愛我的家人看。

達到目標，體悟來不及的遺憾

記得我曾在一本書裏看到一段話：「今天重要的不是我們身處何地，而是我們朝著什麼方向、目標設定；成功，是靠積極進取，不斷衝刺，永不言敗！機會，是留給有準備的人。」

我不斷地對著自己說：「我不能再次跌入感情的挫折中，要把這些挫折化為上進的力量。」於是我下定決心戒菸。

那是我給自己的考驗，也是我的第一個目標。如果在這裏連菸都戒不掉，將來回到充滿誘惑的社會時，又哪來的定力去向毒品說「不」呢？

第二個目標，是報考花蓮監獄學生隊，完成我未竟的學業，並且用功讀書、努力充實自己，以彌補過去的荒廢，也為未來的前途打好基礎。

感謝上蒼的庇護，我順利地達成目標——戒菸已兩年多，也到花蓮正德進修學校高中部二年級就讀。

回顧求學這段期間，幾乎用盡所有可利用的時間用功讀書，俗語說：「知識就是力量！」知識，確實讓我感受到心智的成長，同時也深深體會過去的三個遺憾，徹底改變了我的人生觀。

特別值得慶幸的是，能夠結識慈濟的師兄、師姊們。他們使我明白人生看似很長，但生命無常，很多事我們總覺得來日方長；可是，當生命被突然地畫下休止符時，才驚覺留下的是太多的來不及——來不及孝順父母，來不及多陪陪孩子，來不及實現對家人的承諾，來不及完成夢想……

感恩，把握當下

面對生命最後一刻時，總會想對誰說聲謝謝，或對誰說聲我愛你；那時，只會想要再多一點點的時間，與最愛的人靜靜地聚在一起。

而此刻，我還活著，還有實現夢想的能力……我想將每個機會當作是人生最後的機會，珍惜身邊所有的人、事、物，把握生命每一個當下。

感恩慈濟的師兄、師姊，在我心中他們就像菩薩一樣，當我需要幫助、關懷時，總會出現在身邊，陪伴著我一起度過。

就像高惟碤師兄在百忙之中，抽空來到重重高牆內，陪我們歡度溫馨的父親節；而潘惠珠師姊才與我們相處不久，竟然在學長的畢業歡送會上哭得稀里嘩啦的，感人的淚水觸動了我。

最後，如果沒有李玉蓮師姊，在我背後默默地支持與鼓勵，我想這篇人生心路歷程的文章，就無法呈現在眾多讀者的眼前了。

在此，我想發一個心願，當我重獲自由時，除了在父母膝下盡孝和彌補對孩子們的虧欠外，還要加入慈濟志工行列，和師兄、師姊們一起散播大愛，感恩！

爸爸的背影

屋寬不如心寬，
身體的空間變小了之後，竟然會讓心的空間變寬廣；
幾乎無事可做的我，養成了大量閱讀的習慣，
且「不限內容」……

文／螳螂

曾經我也是個衝動莽撞、叛逆、甚至有些反社會人格的年輕人。還記得那時候的我只懂得追求欲望的滿足，連父母的話都不怎麼愛聽。

特別是當母親在說教、講慈濟、提證嚴法師時，我肯定第一時間有多遠就躲多遠；吃齋、念佛、修行、做慈濟……這不是該等到人老了、退休了、不愁吃穿、無所事事了，才做的事情嗎？與二十來歲、意氣風發的我嘮叨這些，難道不嫌太早嗎？

最重的刑罰，無期徒刑

我那有一缺九的欲望，以不可思議的速度膨脹著——偏差行為、強勢個性、順遂的小小惡行……最後，道德的底線終於淪喪了；我因為貪、瞋、癡，犯下了人世間的極重之罪——殺人。

我遭到逮捕，收押入獄。對我來說，很意外；但對天道而言，卻毫無意外。然而，都已到了此時此刻，我還抱著僥倖心態。為了減少刑責，在官司訴訟期間與法官們激辯責任歸屬，最後換來的是判決書上的「不知悔悟」及「無期徒刑」——世間上最重的自由刑罰。

附帶一提，監獄裏的人普遍認為「死刑」的意思是，十八年後還是一條好漢；「無期徒刑」則要受盡二十五年的刑罰，才有機會踏入假釋門檻一隻腳而已。二十五大於十八，孰輕孰重，一目了然。所以，我說，「無期徒刑是世間上最重的自由刑罰。」

還記得父親每次都會緊張地陪同出庭，給我加油、打氣。有次開完庭，我坐在警備車中準備押返看守所時，看到父親在法院門口牽著機車，向車上的我微笑揮手，我立即起身向父親揮手打招呼，希望他快點回家休息。

此行為，卻遭到車上同學的訕笑。老經驗的他說：「為了避免警備車外的人看清車內的情況，進而劫囚或發生意外，車窗的設計是完全不透明的；簡單地說，就是裏面可以看到外面，但是車外根本看不見車內情形。」

我聽後一驚。原來，爸爸根本不知道兒子是否在車上；或者，爸爸認為每一部警備車上，都可能有我在；亦或者是爸爸已向每輛警備車都微笑揮手過了？

那一天，我的眼淚好不容易才止住。我覺得，朱自清父親的背影，跟我爸爸的背影比起來，又算什麼呢？

可想而知，判決書上最後的結果——無期徒刑，讓我的家人極度心痛，特別是父親。

身的空間變小，心的空間變大

現今法律規定「無期徒刑」要服刑屆滿二十五年以上，才初具備申請假釋的資格。難以預料的，我原以為應該擁有的大好人生，沒有了；「等到人老了，退休了，不愁吃穿，無所事事」的境界，我竟然瞬間就達到了。該說是無常，還是自作孽不可活呢？我想，應該是後者吧！

入獄期間，社會上的誘惑——酒、色、財、氣、名、食、睡、賭、毒……自然是沒有了；原本生活中的許多理所當然，如今都成了奢望。

只能說，人的適應力還是很強的，「這樣的環境，別人可以過，我為什麼不能過？」不服輸的我，內心如此想著。

適應了這種近似於「出家」的環境後，我的心也由外而內，慢慢地沈澱、寧靜下來。雖然我認為這種「假寧靜」，並不是真正的心如止水，因為只要恢復誘惑，我相信我的心，肯定又會繼續奔馳、躁動起來。

姑且先不論真假，總覺只要心靜了下來，就容易去思考、審視、反省自己；「我」沒有那麼大了之後，內心也逐漸裝得下佛法、證嚴法師、慈濟及父母了。

「屋寬不如心寬」這句話真有智慧。很奇妙的，身體的空間變小了之後，竟然會讓心的空間變寬廣，每天都變得擁有許多時間。幾乎無事可做的我，養成了大量閱讀的習慣，且「不限內容」。

所謂的「不限內容」，是指連宗教、心靈、哲學等這些過去我認為枯燥乏味、絕對不會看，甚至還拿去蓋泡麵的書，現在也都看得下去了。

請相信絕對不是我變高尚了，而是因為監所的圖書館裏，大部分都是這類書籍；其中包括母親每個月固定拿或寄給我的《慈濟月刊》、靜思人文叢書等。

只是看著看著，想著想著，我不知該如何形容這種感覺，講好聽是重獲新生；講難聽就是，過去的自己已經被現在的我給全盤否定了。

佛陀的話、證嚴法師的話、父母的話，一句句洗滌著我的心靈；自然而然的，我也開始吃齋、念佛、修行、做慈濟了。

一念悲心，螳螂救蟻

監獄的高牆，對我而言不再是局限，而是「防護罩」，保護我不再被惡緣和欲望魔考，在我還沒有能力抵抗它們之前。

玉蓮師姑心疼我即使如此，付出的代價也未免太大了。我想說的是，「倘若能讓我更早踏上菩提路，發願行菩薩道，找回清淨本性……更大的代價我都願意承擔！」

曾經，有一位上宏下緣師父來裏面教化我們時，私底下告訴我：「你的前世其實並不是人，而是一隻螳螂。」當下的我覺得很有趣，夜深人靜時細細想，卻驚出一身汗。

自己不知道經歷了千百世的輪回，才能夠在這一世當「人」；這難得的人身、人生，的的確確得好好把握與珍惜。

從此，我的外號變成「螳螂」，目的在提醒自己「人身難得今已得」，今生今世如果不好好修行，下輩子連「人」都做不了！

濟瞬師伯知道我的故事後，寫了以下一段話鼓勵我：

我彷彿看見了前世的螳螂，在河邊的樹上，見到一群被水沖走的螞蟻，趕快銜起一片樹葉丟到水面，救了這一群螞蟻脫困。因為種下了這個善因，得今世轉生為人，且時時還記得要幫助受苦難的眾生。

一念慈悲心，讓我這難得的人生，有緣聽聞與接觸慈濟和佛法；倘若沒有證嚴法師創造的慈濟世界，我自認走不到這一步，更不可能繼續走下去。

願有多大，力就有多大

我其實也曾埋怨過，為什麼在開啟我的清淨本性和慈悲心之後，自己卻沒有相應的能力可以幫助眼見的苦難眾生？因為看著他們受苦受難，我的內心也挺難受的。

直到讀了靜思語：「願有多大，力就有多大。」我才明白要向宇宙大覺者發大願，發宏願——祈願我的能力可以增加到與善心、善念和善願的能量一樣多，自己有更大的力量行菩薩道，幫助苦難眾生，甚至代替他們受苦。

感恩父母始終對我不離不棄，感恩潘惠珠媽媽帶領許多師姑和師伯進來監獄教化我們，更感恩證嚴法師創造了慈濟世界。這是我內心最想對他們說的話。

如今父親、母親、妹妹和妹夫皆已通過培訓，受證成為慈濟委員和慈誠隊員了。雖然我不知能否有來日，但仍期待自己能有來日，能有機會穿上「藍天白雲」，在第一時間到達需要幫助的苦難眾生身邊，救助他們，膚慰他們……

在那之前，佛菩薩讓我現這個「犯人相」，並給了我「監獄」這個道場，想必有他們的用意。雖然我還參不透，但我相信因果，相信佛菩薩的安排，緊跟著證嚴法師的話語，「對的事，做就對了！」

成長、歧途、歸路

文／普普

我被判刑二十二年六個月，那年才二十七歲；
我用那麼高的代價償還，
也希望可以用自己的故事，提醒或救拔——
那些正從不幸家庭出走，進而一步一步地走入歧途的孩子。

失去愛，向外尋找快樂天堂

我來自平凡的家庭，就讀國小四年級以前，家中成員有五個人——爸爸、媽媽、弟弟、妹妹；這個家庭，在一次次爭吵、一次次家暴中慢慢地支離破碎……

最先離開這個家庭的是媽媽。

我還記得她決定離開的那天，我正從學校走回家的路上，遇到了拿著行李的媽媽朝我迎面走來，我開口叫了一聲：「媽！」

她沒理我，從我面前走過……

我轉過身去，再叫了一聲：「媽！」她停在巷口，但卻沒有回頭看我。

看著她的背影，我提高了音量：「媽媽——！」

她回了我一句：「不要吵！回家去！」

我並沒有回家。因為我知道，這將可能是我見她的最後一面。

我想走上前去，卻沒有勇氣。我不知道為什麼不敢上前去拉她，我只是站在她的背後，陪她等著計程車，看著她離開我的視線，這也真的成了我們的最後一面；那一夜，只有眼淚陪我度過漫長的夜。

失去母親的家庭，我的父親開始酗酒、玩六合彩；喝完酒回家後，要是心情不好，小孩子就倒楣了。他會用皮鞭抽向睡夢中的我和弟弟，把我們打得全身都是一條一條的鞭痕，直到他累了，睡著了，我們才敢合眼。

身上的鞭痕，隔天其實就不痛了；只是一條一條的鞭痕，讓我不敢上學。因為我怕同學問起，更怕別人取笑。

一條一條的鞭痕，成了我自卑的來源。我開始討厭上學，討厭別人問我傷口的由來，我開始從校園外尋找自認為的快樂和天堂……

移送管訓，被判定「流氓」

我於是參加村裏的「什家將」陣頭。在那裏，有許多年紀比我大、或者同年紀的朋友；在那裏，我除了練習陣頭外，也受他們的保護，使我得以橫行校園。

就讀國中一年級的我，時常跑到三年級班上打人，有時只是為了活動筋骨而已。不但同學們怕我，連老師也避之唯恐不及，准許我自由進出教室，參加廟會也從不用請假。

直到我讀二年級，不對，應該說我混到二年級時，已經對校園生活感到乏之味；因此，開始尋找校園外的花花世界，最後決定不去上學了。

沒有上學後，我跑去替人圍標。我的工作就是，坐在車上等候前來買標單的人，記下車號和名字，或是隨著比我年長的人，去訓斥那些不合作的包商；而最刺激的就是——開槍。

我們有時會對那些不聽話的包商開槍恐嚇；有時則是其他角頭想分一杯羹而互相開槍，從此我喜歡上槍枝。因為有槍在手，總覺得可以控制別人，可以高人一等，可以讓人怕我、尊重我，不再覺得自己是一個滿是鞭痕無力自保的可憐小孩。

可是，槍枝都是大哥控管，平時我根本碰觸不到，何況一把槍動輒二、三十萬，怎可能無故給我們四處炫耀和把玩呢！所以我開始買模型槍玩，進而開始研究槍枝，改造槍枝，最後乾脆——販賣槍枝。

坦白說，賣槍並不很好賺。只不過對於一個沒有雄厚家庭背景，又沒有高收入卻整天花天酒地、坐吃山空的人來說，改槍、賣槍已是我唯一的生活技能。

然而，夜路走多了，總會碰到鬼。二〇〇三年，我因改造槍械被捕入獄，只是第二天就被交保出來了。當時的我心裏只想著：「是誰出賣我？我一定要報仇！」

於是，我找出兩把沒被搜走的槍，準備開始尋仇！

經過一個星期，我沒能查出誰出賣我，反倒是警察找上門來了。包括手上的兩把槍，我一共被查獲非法擁有槍枝十三把，近六十發的子彈。這次，我沒再被交保出來，而是直接移送到臺東管訓，並判定為「流氓」！

不思悔改，製毒販毒

我在臺東接受流氓管訓時並不怕，因為我知道沒那麼快判刑下來，只要管訓二至三年就可以先出去了。

如我所料，果然我被關了一年又十個月後，再度被釋放，只是案子已經一審判定十一年六個月。那時的我內心天人交戰。我有兩條路可走，一是靜靜地等候執行，另一條路是「撩了去」，搶夠了錢，就偷渡到中國大陸。

這兩條路並沒有讓我猶豫太久，我決定走第二條路。我準備了九把槍，找了朋友，想邀幾個同伴大幹一票。然而，我的朋友慫恿我第三條路，他說：「想要短時間內大賺一筆，不一定要那麼拚搏。只要你聽我的，等賺到了錢，看你是要『出去』，還是帶著這一筆錢『進去』好好享受，我都會幫你安排。」我問他要做什麼事？他只說了兩個字：「做藥！」也就是「製、造、毒、品」。

當時的我，連死都不怕了，還怕製毒嗎？我一口答應！學製毒，因此也染上了毒癮。

製毒、販毒果真好賺。才一、兩個月的時間，我就買了三輛汽車，並揮金如土地過日子，案子也花錢請律師儘量拖延。

二十二年六個月，漫漫刑期

從小家中十分貧苦，我從沒享受過有錢人的日子，因此沈迷在毒品和金錢裏，幾乎忘了背後還有判決等著執行，還交了女友並同住。

她離過婚，有個三歲的小女兒，由前夫扶養。我和她在一起，過得很快樂，卻很自私地沒告訴她有關刑期的事。

她常編織著未來的夢想！在她的夢想裏，有我，有她，和她的女兒。我答應過會視小女孩為己出，小女孩也叫我「爹地！」

我很喜歡小女孩「爹地，爹地」的向我撒嬌，尤其是當我送她禮物時，她總會在我臉頰親一下，說聲「謝謝」，和獻上可掬的笑容與笑聲。

這樣快樂的日子，並沒有持續太久。因為我一直在犯罪之中，警察又找上門來了……

這一次我被搜出一把長槍、一把短槍和一些毒品；開庭時，法官見面就擺出生氣的口吻對我說：「你的案子已經被判十一年多了，還不知悔改，這一次我絕對不可能再讓你出去了……」

聽完這一句話的當下，我知道我要面臨服刑了，且將會是非常漫長的刑期。果不其然，我又被判十一年四個月，加上前案合併為二十二年十個月，判定應執行二十二年六個月。當時我才二十七歲。

家倫夢碎，最大遺憾

面對這麼長的刑期，你說我會不會害怕呢？

答案是……「會！」

只不過害怕的是，我將失去女朋友為我編織的夢想；我害怕再也見不到、聽不到小女孩叫我一聲「爹地」，即使或許她不知道「爹地」並不是我唯一的名字。

我在牢房中，不斷地反覆思量，為什麼我那麼想念她們呢？我明明知道會有這一天的啊！為什麼我會那麼想念她們母女呢？

後來我終於明白，原來她們給了我家的感覺。在這個家庭中，我感受到做父親的快樂；原來我一直在追求的，只不過是一個「家」，一個普普通通、平平凡凡的「家」。

思念她們，讓我不禁流淚。為了她們，我也不得不在法庭上對她說：「我已不能給你們任何可靠的未來，我們將不再有交集，你有你該走的方向和未來，請你自己要保重！」

父母婚姻的破碎，帶給我不堪回首的童年。我卻沒因此記取教訓，反倒走上歧途，未能組織一個完善的家庭，成為內心最大的遺憾！

希望看到這篇故事的人，能夠謹慎思考是否你也和我一樣走在不堪的道路上，抑或你正在造就另一個我呢？無論如何，一段破碎的婚姻，最無辜的永遠都是小孩。在你把孩子當成宣洩痛苦和挫折的工具時，請想想我的故事和小孩的未來，別把報復的心轉變成孩子心裏永遠的傷痕。

家，歧途的歸路

入獄後，我不但失去人生最寶貴的青春歲月，更嘗盡了人情冷暖。那些曾經至死不渝的友情、愛情，如今都已不復存在。孑然一身的我，在這冰冷的高牆內，與孤單、漫長、寂寞的夜相伴。

這一切的一切，只因我的好強心、求勝心和貪婪造就而成。我用那麼高的代價償還，所以也希望可以用自己的故事，提醒或救拔那些正從不幸家庭出走，進而一步一步地走入歧途的孩子。

雖然在我走向這個理想前，我必須先面對二十二年的刑期。但我明白，必須先培養愛心，再培養耐心和智慧，革除那動不動就用武力解決問題的臭脾氣，學習以理處事、以禮待人的態度，即使遇上存心找麻煩的人，也要忍氣吞聲。

我也得盡力求知，將其化為智慧。這樣，才能在將來的日子裏教導那些迷途的孩子，增長見聞。我因此選擇離開有地緣關係的屏東監獄，離鄉背井到花蓮監獄讀書。希望出獄後，可以有基本的學歷或一技之長，並擁有一份正常的工作，自給自足之餘，亦捐助孤苦無依的孩子。

我甚至期望成立孤兒園或中途之家，收容那些正在受虐或歧途中的孩子。我要讓更多人關心那些孩子，給他們一個溫暖的「家」，我將會是他們永遠的家人，而他們將會是我歧途上的歸路。

懷念您，父親

文／易恆

爸爸，我來不及孝順您，造成的遺憾無法挽回，
我只能將它埋藏心底，並警惕自己——
我只剩下一個媽媽，要把握時間孝順她。

還記得小時候，有記憶以來，媽媽總是無微不至地照顧我和妹妹，在我們成長過程中未曾稍離……

年少追憶，父親的病痛

小學時，我愛玩，功課沒有很好。爸爸您注重家教，在我們沒禮貌或沒

規矩時，您會罵人，卻不會因為功課不好責罵我們。

我很慶幸，沒有像別家小孩一樣，有學不完的才藝，和寫不完的功課。

升上國中後，我因為不喜歡念書，也怕被人欺負，選擇不去學校。然而，我沒有像別人那樣跑去撞球場，而是在家裏幫忙賣菜。我知道，爸爸您生病了，不能貪玩；也知道，沒去學校又亂跑，您一定會很生氣。

那時您因為肝硬化，肚子積水，常常要就醫、抽水，這病痛折磨了您大概十年。這十年當中，我幾次因販賣盜版 CD 被抓進警察局。不論多晚，您都會到現場關心，不論我被關在哪裏，您一定來會客。

這十年來，您真的很辛苦。有時看您痛到沒辦法控制情緒，脾氣一上來，就是三字經，對也罵，不對也罵。當時的我很想不開，選擇不回家，選擇到處流浪，和您嘔氣。我很心疼您的辛苦，可是，您表達的方式讓我難受。

回想成長過程中，我好像從沒和您聊過天，單獨相處更不曾有過。唯有的一次，是朋友從臺南到臺北找我，您坐了下來，和我們喝幾杯。

我是長子，您因為愛我，對我特別嚴格。您總是對我耳提面命，千千萬萬不能碰毒品，因它會毀了我的前途。我也一再地告訴您「我不會」，因看著叔叔為了毒品多次進出監獄，浪費許多光陰，我絕不會步入他的後塵。

然而，毒品的誘惑不是我能想像與抵擋。因為控制不住自己的好奇心，還是栽進了毒海的深淵裏，讓您失望了……

錯誤觀念，讓家人受累

您在我服兵役那年，終究不敵病苦折磨，離我們而去。您不在了，媽媽全心全意地照顧全家，也苦口婆心地勸我做人處事的道理。我總是心疼媽媽的辛苦，想幫她分擔家計，讓她過好日子。

因為毒品案件，我遭到通緝，到桃園生活了三個月，也進一步學會如何製作安非他命。於是，有了賺錢的野心，心裏所想的，就是如何利用這種謀取暴利的方法，一步登天。我天真以為，只要成功，家裏的房貸和我要繳的罰金，就可以解決了，生活也可改善。

只差一步，我就可以幫媽媽分擔房貸的壓力。可是事與願違，計畫趕不上變化，因為監聽譯文和通緝，檢察官帶隊將我逮捕歸案，判處十年八個月的有期徒刑。

我只知道一味地追求，壓根兒沒想過媽媽的感受，也沒考慮後果的嚴重，結果什麼事都沒解決，還讓她為我到處奔波。

事已成局，我來到了這小型社會，每天過著行屍走肉般的生活，只等待著釋放的那天……

勇於面對過錯，平凡是福

在漫無目的情況下，我藉由誦經祈求家人平安健康，也讓自我心靈有所寄託。

當我告訴媽媽要報名「花蓮監獄附設正德高級中學進修學校」念書時，媽媽很是高興和安慰，而我也如願錄取，繼續沒有完成的國中學業。

在此，我重拾書本，過著學生般的生活。藉由課程的安排，我認識了慈濟志工。慈濟志工告訴我們：「大家都有無限的可能！」讓我們對未來有無限的期許和肯定。

師姊說得很有道理，我追求得愈多，媽媽會愈辛苦。我要替她想想，過年過節無法和她團圓，不是她想要的；只有平平安安地陪在身旁，和她共同生活，才是孝順的方式。

服刑快五年來，朋友一個個遠離，只有家人對我不離不棄。我深深體會自由的可貴，也深深體會親情的重要。

看清了人生百態，讓我學會今後不論遇到什麼樣的人，都要調整和別人的相處模式，也要勇於面對過錯，勇於重新規畫自己的未來。

人生道路上，難免起起落落；當我遇到挫折和教訓時，我從中學習做事要瞻前顧後，任何決定都要確定不會傷害到其他人，或是造成別人的困擾，一味地貪求和不擇手段，只會讓家人為我擔心。

爸爸！您的生命突如其來地畫下休止符，讓我來不及孝順您，造成的遺憾無法挽回。我只能將它埋藏心底，也由此警惕自己，不可以再發生了，我只剩下一個媽媽，要把握時間孝順她。

再過三年，我就可以提報假釋了。請您放心，將回去的我雖然沒有辦法讓媽媽大富大貴，但我會孝順，會把時間留給媽媽。

無情的高牆，讓我失去了自由，成為人人指點的階下囚。我內心萬分懊悔，也無法彌補犯下的大錯。現今，仍有許多人為了利益和生活物質鋌而走險，希望他們可以就此停住，別再錯下去了。

生活在水深火熱之中是沒有保障的，唯有安定、平凡才是根本。在此，

找回初心

文 國良

我是真的怕了！
怕自己不改變，怕自己不安分，怕自己一直重複進出監獄……
借鏡！借鏡！難道這不是一面鏡子嗎？
該有所決定了，找回自己，就從現在開始。

記憶，代表著一段深遠的故事，能否串聯起來，連我自己都沒有把握！

兒時記憶，似水年華

大約是七歲的記憶吧！記憶中，我和母親、父親及妹妹一家四口住高雄，一家人很開心地住在一起……只是，這一段回憶，也是我最後見到父親的記憶，毫無半點音訊的他，不知是生是死。

管他是不是七歲呢？因為記憶深處的最後，是我和妹妹兩人因為媽媽工作的關係，不停地搬家、換學校，高雄和臺北不停地換，光小學就讀了六、七所學校，兄妹兩人更是不停地換保母。

保母對我很好，捨不得打我。所以不懂事的我，漸漸的與母親疏離，更不懂母親賺錢養我和妹妹的辛苦，以及她背後所有的辛酸及淚水。

媽媽真的很好強、好面子，這一點我們母子真像！曾有段時間，我們一家三口住在一起，媽媽對我們兄妹管教嚴格，只要做錯事就打，換來我身體的疼痛，卻換不來我心裏「體諒」兩個字。

未經世事的我，只覺阿嬤或保母不會這樣打我。心裏有了比較後，我開始逃學、逃家，最後住進新竹古奇峰旁的「仁愛兒童之家」。

是什麼樣的原因讓我住進仁愛兒童之家，僅存的記憶已無法串聯起來。對那裏印象最深刻的是，兒童之家位在山上，旁邊有一尊足足有五、六樓高的關公像，內部像座廟，有樓梯可以爬到最高層，往下看風景很美。

關公像的前面，有隻水泥製的巨大烏龜，中間鏤空，我們一群小朋友玩捉迷藏時，都會躲到那裏。

上小學時，我們要從山上走到山下去，光走路一趟要三、四十分鐘。我們就像一群山上的猴子般，沿路偷摘人家種的芭樂、龍眼、番薯以及雞蛋，因此常被叫去罰站。

放逸的心，放蕩的行為

叛逆的心，受不了山上猴大王的日子，我因而逃離兒童之家，四處流浪。流浪的日子裏，我住旅館、三溫暖……每天都以偷、搶、拐、騙來維持生活。

有了犯罪行為，當然離不開被捕。臺北圓山少年隊，臺北、高雄的少年觀護所，以及桃園少年輔育院等，我都待過。於是，和母親更加漸行漸遠，把自己當作沒人愛的小孩。殊不知年少無知的我，傷了母親、阿嬤多少心，如今想來實在汗顏。

因為沒人管教，一九八八年從感化院出來後，我經常與院友在舞廳聚眾喝酒、鬧事，就這樣沾上安非他命，進而幫人四處送毒品，舞廳、卡拉OK、賭場、電玩場所……從此踏上不歸路。

為此，年少的我進進出出監所多次，卻仍為錢易賺而沾沾自喜；殊不知，一切冥冥之中皆有現世報。

一九九一年時，一群兄弟因缺錢花用，動了搶劫念頭，更付諸行動。我們夜間專門去公園找情侶收情侶費，夜半時分一群人更埋伏於舞廳、KTV、酒店前，專等酒醉出來的客人，再動手行搶金錢、項鍊、手錶，逍遙快活大半年的日子。

然而，夜路走多了終會遇見鬼。猶記得那一天，我和另一位兄弟光天化日下，搶完手機站又去行搶一對情侶，因現行犯而被逮捕。

依懲治盜匪條例，我們被收押禁見。整件官司由同案夥伴的父親動用關係及金錢幫忙解套，原本將依懲治盜匪條例起訴改成搶奪，當庭交保。

交保後的一段時間，我真的收斂很多，直到判決確定並入監執行。

年少輕狂，愈陷愈深

一九九五年二月，我獲得假釋出獄。母親得知我假釋，怕我再誤入歧途，立刻去兵役課為我申請入伍。二月二十一日假釋出來，三月一日我即入伍報到，後發配金門服役。

服兵役期間，看不慣老兵欺負新兵。我年少輕狂，又剛從監獄出來，總有一分誰怕誰的態度，動不動就和四、五個老兵打起來，之後更打了軍中輔導長而轉調單位。

轉單位後，我一樣不安分。一日無酒，全身不舒服。打架，擅自離營，狂罵連長，禁閉室去了三趟……所幸是在外島當兵，讓我少接觸花花綠綠的世界；否則若在臺灣本島，依我的個性鐵定逃兵，到時就有沒完沒了的兵要當了。

一九九七年平安退伍後，我進入八大行業——當起酒店業務經理，在一些連鎖企業裏，現場經理、副總等不斷轉換身分。因錢少又花用多，所以和當時領支票急著用錢的小姐們換現金，一時大家爭相著換。

用現金換支票，隨我心情，也賺些利息錢，不怕她們跑掉；所以我的基本生活來源，就是這些小姐、少爺，和排班的計程車司機了。

夜生活久了，夜夜笙歌，燈紅酒綠，左擁右抱；然而，怎麼賺，錢都不夠用，只好走向販毒。客源一樣是那些夜貓子、三教九流的人。我經營得有聲、有色、有毒，因此更離不開槍枝了。身邊沒一、兩把制式或土制槍枝防身，那就遜色了。

種在心中的善緣

直到二〇〇〇年，我到北監戒治，轉北所執行到二〇〇三年假釋出獄，在夜市幫一位兄弟賣肉丸時，認識了她。

她是我至今仍深愛、卻又虧欠她的女子。一位還在念大學的學生，沒什麼社會經驗，沒有吸毒，卻也每天跟隨我東奔西跑。兄弟人的生活，哪有每天風光？有錢才敢出門，沒錢窩在家裏，三餐吃泡麵配荷包蛋。

我說「江湖」這條路，是條不歸路。踏上之後所有的辛酸、悲苦，都必須自己去承受、面對，沒有任何人可以為你分擔。因為它是一條沒有回頭說後悔的路，當時年少輕狂的我，也不曾想過「後悔」兩個字。

千金難買早知道，萬金難買後悔藥。歲月的流逝，帶走我無數的青春歲月，在那些青春歲月裏，我看盡多少無奈與滄桑。世間的現實，人情的冷暖，讓我從年少的輕狂，到如今的收斂、輕嘆，交織成我人生的一面。

這一次入監，是十七年十個月的刑期，更讓自己陷入失去自由十數年的窘境。望著天空，藍天白雲那麼悠閒自在，自己卻必須面對所犯下的一切，迷茫度日。

早早就有一死百了，逃避一切的念頭，卻是老天不順我意，讓我再次醒來，再次面對殘酷的現實，內心開始有些自我封閉。

在渾渾噩噩下，因緣際會接觸慈濟的師兄、師姊，他們無所求的付出，我默默地看在眼裏。不管是經過電視、月刊，所聽到、看到的都是他們無私奉獻的行誼。

師兄、師姊的身影是菩薩的分身，給每一位陌生者、受災者愛和關懷，值得敬佩。這一分善緣種子，種在我心中了。

找回自己，從現在開始

驀然回首，人生行走至此已四十有餘。這些年來，我到底做過什麼轟轟烈烈的大事，還是做過些什麼值得回味的事？

沒有！

冷靜回想，我除了在紅塵中貪婪享樂，為一己之利不斷傷害別人外，沒什麼值得為自己稱讚或值得驕傲的。一生除了刑期之外，還有無數罪惡跟隨我度過失去自由的日子。

現在的我，不禁感嘆歲月的無情，體悟必須趁著失去自由的日子，改變自己不成熟的觀念外，更要為未來人生重新設定目標。不再求富貴，只求飽暖之外，還能幫助比我困苦的人。

也許說來容易，做起來不容易！但我真的不想未來和以往一樣，只有今天沒有明天；只有眼前享樂，沒有未來的目標及方向，每天沈淪在毒海中那一種心酸。

相信很多朋友會了解，也有很深的體會，一直做出身不由己之事，最是說不出的苦，只能把悲痛及眼淚往腹內吞。

一次又一次的失敗及跌倒，我是真的怕了，怕自己不改變，怕自己不安分，怕自己一直重複生活在沒有安定的日子裏，怕自己到老都一直反覆進出監獄而毫無作為。

所以，我決定擺脫過去滾滾紅塵的經歷，回歸平凡安穩的日子。我會努力調整自己的姿態及身段，努力修身養性，藉由畫佛菩薩法像圖安定自己的心性，為未來找出一個方向，不願再渾渾噩噩過日子了。

朋友！如果你也有與我相同的處境——生長在單親家庭，因而踏錯腳步，走入江湖中翻滾……沒關係，回頭是不分年齡與時間的，且讓你我互道一聲加油，一起拋掉不如意的過去，讓改變從現在開始，期盼我們未來的路，能愈走愈寬，愈走愈廣。

借鏡！借鏡！難道這不是一面鏡子嗎？該有所決定了，改變自己擺脫過去，找回自己，就從現在開始。

不完美的人生

我相信人生掌握在自己的手中，
機會是留給有準備的人；
人生並不完美，但一定永遠都不完美嗎？

文 海龍

夕陽終於收斂了餘暉，沈沈地墜落連綿山嶺後；月亮悄悄地爬上天際，大地瞬間變得荒涼！就像人生有起有落，變化多端；像每個人的生活，有開始有結束。

我想，在每個人心中都曾企望著，人生旅途有好的開始，最後有完美的結束，但又有多少人能做到呢？

每個人的際遇不同，或許有人起跑點好，有不錯的家庭，卻沒有好好地經營，致使人生挫敗；也有人在起跑點就輸了一大截，卻能奮發向上，開創更美好人生。

我相信人生掌握在自己的手中，機會是留給有準備的人。人生並不完美，但一定永遠都不完美嗎？

豪氣的父親，紛亂的年少

其實，我想說一個故事。故事發生在一個淳樸、位於花蓮深山郊野中的玉里小鎮。家庭裏有我可愛的母親，雖是原住民，書也念得不多，卻非常疼愛我，總是把最好的給我。

母親雖然沒有教導我非常多的知識，卻給了我無限的母愛；相對的，我有一個被通緝多年的父親。他是道上兄弟，雖然是個粗人，在我犯錯時總是體罰，但我知道這是他望子成龍的做法，希望我能更好。

父親是水泥工程包商，家境還算小康。然而，爸媽常常吵架、打架，迫使我常跟隨母親離家出走，到處流浪；這時父親就像瘋狗般到處找人，我孩童生活幾乎是個「亂」字可以形容。

父親生活總是離不開酒，家裏總是席開三千，鬧哄哄的。小小年紀的我，已練就一身鬧中取靜、與世無爭的功力，躲在自己的世界，不被打擾。

父親豪氣大方的個性，總是來者不拒，需要幫忙的朋友一定支持到底，朋友五湖四海。生活上的無節制，揮霍自如下，以致生活愈來愈拮据。直到我國小二年級時，母親罹患癌症末期，父親才恍然大悟，一下衰老了許多，也頹廢非常。

在慈濟醫院度過餘生的母親，好像沒病一般，看來輕鬆，非常樂觀。不禁讓我相信，在住院期間是母親這一生最快樂的日子。此時，與母親爭吵了一輩子的父親也軟化了，沒了以前的強硬，卻多了一些溫柔。

父親對母親的不捨與關愛，在醫師的建議下，選擇讓母親不受搶救電擊的折騰，安靜地在他的懷抱中離開人世。我雖然還小，但深刻明白疼愛我的母親離開我了，沒有人會再幫我擋棍子，沒有人會庇護我、關愛我了，我不自覺掉下淚來；父親則是號啕大哭，有如椎心泣血之痛，一發不可收拾。

一波未平，一波又起

因為家道中落，我們窮得連母親的後事都差點無法辦成，幸得父親的好友和姑姑出手相助，母親的後事才得以完成。沒想到一波未平一波又起，與父親相依為命不久，父親的身體出現了變化。他的脖子長一顆很大的腫瘤，到醫院檢查後才知是惡性腫瘤，且癌細胞正在擴散中。

在我姑姑的協助下，父親前往花蓮慈濟醫院接受治療。期間需要人照顧，平時由姑姑幫忙，才國小二年級的我則在週末時坐上火車，從玉里到花蓮慈濟醫院照顧父親。

就在醫師宣判父親的生命只剩半年後，他接受了事實，選擇在有限生命之年，回到故鄉——臺中生活，住到了三姑姑家。

我有兩個伯父，四個姑姑，兩個叔叔，大伯已過世許久，我從未曾見過他的面；二伯剛從監獄回來，四叔是貨車司機，五叔還在監獄服刑。四個姑姑都對我不錯，但因我從未和他們相處，彼此都感陌生。

搬遷至臺中後，我轉學到臺中市的國小就讀。才國小三年級，我根本沒有絲毫經濟能力；慶幸的是，阿公留下一筆遺產給父親，我們才有辦法生活，父親也才有錢治病。

這樣的日子，讓我有超齡的成熟。當別的小朋友放學後出去玩，或去補習班上課時，我則隨侍父親左右。

父親因為氣切、插管，無法說話；學歷不高的他，很多字不會寫，常因無法表達而發脾氣，卻又不忍把氣發洩在我身上，弄得我們父子倆淚眼相對。

失去至親，不安定的生活

年幼的我，對父親的痛苦與無奈似懂非懂，但他對抗病魔的堅強意志，卻讓我敬佩不已。他堅強的動力來自我，說必須打倒病魔儘快站起來，好賺錢照顧我，讓我過正常生活。

父親堅忍不拔的求生意志，讓生命長度超過醫師宣判的一年多。然而，癌細胞已遍布全身的他，最終仍在病魔的摧殘下愈來愈虛弱，直到最後彌留時，我看著醫師幫他急救、電擊，內心因不捨他所受的痛苦而難過。

當父親嚥下最後一口氣時，我跪在地上握住他的手，眼淚奪眶而出，最終放聲大哭。我知道我又失去唯一一個摯愛的親人，疼我、愛我的父親。

父親出殯的那一天，我送父親到火葬場，我默默地告訴自己，必須更加獨立和堅強，不讓父親失望，因為父親與母親正在天上看著我、佑護著我。

父親身後留有一筆錢給我，用於學費及生活費。我把錢寄存在大姑姑那裏；然後開始在二伯家、大姑姑家、四叔家輪流居住，自此學會看人臉色過日子。

雖然叔伯、姑姑們對我還不錯，但我總是無法跟他們十分親近，總是有些隔閡。在我心裏總是不安，擔心下一次不知又要住哪裏，又要去哪裏流浪。直到升上國中，我才在四叔家長住，度過了國中三年。

變調的人生

我人生第一份工作，是在國中一年級時。大姑姑把父親的遺產挪用虧空，我因此必須打工賺錢，自給自足。放學後，我去夜市的攤子打工，一天四小時，一小時賺取六十五元；假日則跟表哥去做冷凍空調維修及清洗的工作。雖然很累、很苦，但我一直很堅強，因為我知道必須向現實生活妥協。

四叔是個粗人，脾氣也不好，嚴格的權威迫使我與三個堂哥都吃不消，而我脾氣也太硬，常常在觀念上與他發生衝突。於是，國三畢業那一年，決意搬出去自己生活，一邊就讀夜校，一邊打工。

也就在此時，我的人生開始產生變化！就讀臺中高工夜間部，我選擇冷凍空調科，源於假日和表哥學習冷凍空調維修，對此有了興趣。本來打算考執照，然後找個穩定的工作，就可以成家立業。

然而，美夢卻不見得能如想像中那麼完美。血氣方剛的我與同學發生衝突，被記大過，對方尋思報仇下，找我械鬥了幾次。於是，叛逆的我結交了許多好兄弟，把義氣當飯吃，在把對方打敗首次嘗到勝利滋味後，深感身為一個人，必須要夠狠，才能在社會上占有一席之地。

也因此，我離開了學校，開始步入江湖的第一步。

江湖路，不歸路

要在江湖上生存，我必須學會賺錢，有錢才有飯吃，有錢才有權力，有權力才有能力與人抗衡；因此我和我的好兄弟跟隨一個老闆，在夜市商圈賣盜版CD、VCD、遊戲光碟等。

任何盜版生意我們都做，賺的是暴利。暴利，蒙蔽了我們雙眼，使我們更強勢。雖然不搶別人生意，但如果有人想搶地盤，我們絕不手軟。因此在商圈內大大小小戰役不下百回，也慢慢建立起勢力，生意愈做愈大，進而開了盜版工廠。

老闆對我們非常好，如親生兒子一般看待。他大方得除了發薪資外，還讓我們兄弟分紅，單是每個月的薪水就有二十幾萬。當時我們才十七歲，手下就有四、五十名小弟，每天花天酒地，開好車，出入聲色場所，不把錢當回事，浪費至極。

後來盜版猖獗，政府成立保護智慧財產權大隊，徹底掃蕩盜版事業。好險的是，老闆把事業版圖轉移到賭博事業及高利貸，我們生活也才有保障；也因老闆黑白兩道都吃得開，事業順利，做起事來更是如魚得水。

就在事業一帆風順時，我接到兵單，在完全沒有心理準備之下，老闆和兄弟們幫我設宴餞別。我喝得狂醉，難以接受即將離開這群兄弟的事實。

逃兵又犯罪，自首入獄

我是替代役，在成功嶺受國防部代軍訓一個月，而後分發專業訓兩個星期。我選擇法務部行政執行處的役別，到花蓮縣自強外役監獄受專業訓練；放假時，就與同梯次的朋友回到玉里，順便祭拜我的母親。

而後，我分發到高雄行政執行處服役，時值二十歲，習慣和性格都未改變。閒暇放假時，仍然成群結黨地上酒店玩樂，更在宿舍開設小賭場，因為花費甚大，放假回臺中時也去顧場子，賺取生活費。

只是這樣仍然不夠我花費。看到別人賺錢容易，心裏很不平衡，因而在服役未及三個月時就逃兵了。

我因逃兵被通緝，卻仍肆無忌憚地放高利貸、在酒店圍事。早前的老闆雖然是黑道大哥，卻常常教我做人處事的道理。於是，在他和姑姑的勸導下，我於二〇〇七年自首，獲法院判刑半年，發監到臺中監獄服刑。

當時我二十二歲，第一次進入成年監獄服刑。

成年監獄，著重在修身養性，許多江湖成名的大哥、小弟、公教職人員等混雜，大家都以刑期為重，相互尊重，從相處中取得平衡，以和為貴，慢慢磨合、成長。

雖然我很年輕，但從小練就的察言觀色在此時派上用場，讓我看出監獄中的定律，因此受到許多長輩的讚賞，在監獄中和平度過。

踏實的日子，正常的生活

出獄後，我住在一個好朋友家。他已成家立業，家境還不錯。他一直鼓勵我走向正途，我卻從不在意，他也不曾放棄。在我等待重回軍中服役的日子裏，他與我合開一間洗車行，共同打拚了一陣子。

雖然錢賺得不多，但平凡的生活讓我過得很踏實，很輕鬆。我的心就像被解放一般，自在、暢快，也才明白，原來我可以這樣生活，這就是「正常的生活」。

然而，正常的生活很快就過去了。我接到兵役通知，延續我未服完的役期。我因此離開了好朋友家，到高雄行政執行處報到。往昔正常的生活使我有規律的習慣，可以適應得很好。

也因為我是回役兵，在軍中成了老學長，因而更謹慎地告訴自己必須做得比別人更好。三年的兵役，就在公務繁雜、生活相安無事的狀態下，和平落幕。

付出代價，來不及珍惜

退伍後的我，真不知道要做什麼？有些迷惘、有些不知所措。又或許貪求名利，讓我選擇了不歸路，重回以前的生活，且變本加厲。

我遇到了一位老闆，在他的不贊成下，執意加入旗下詐騙集團。他，是一個通緝犯，很信任我。我當然沒讓他失望，幫他賺了很多錢，導致生活非常奢靡，只想著如何花錢，不懂得如何存錢。

我被利益迷惑，無法自拔，也把健康的身體搞壞了。最終我明白，不能繼續這樣奢靡的生活。它，使我感到不真實，使我有窒息的壓迫感，無法喘息；因此我選擇離開，回到三姑姑的身旁。

將近十年沒見的三姑姑老了許多，她安排我在自營的殯葬顧問公司工作。我對這行很陌生，但表姊、表姊夫對我非常寬容，運用幫助喪家等事宜時，教導我生死的奧妙，讓我明白原來幫助喪家完成喪葬是一種榮耀，有莫名的成就感。

我有了很大的歸屬感，使我更有動力和自信去幫助更多人。我在工作中學習到服務、誠心、平凡的重要。服務任何一個需要幫助的人，即使工作日夜顛倒，我也以最誠摯的心對待。

這樣平凡忙碌的生活，使我再次滿足於過著另一次的正常生活。

好景不常，就在我順利工作時，得知詐騙集團老闆已被逮捕，且收押了十一名同案。雖然老闆並未將我供出來，但所有證據顯示我也犯案其中，脫不了關係。

法院沒通緝我，只是傳喚我到庭。我一直沒去，也知道無從逃脫。我不知如何向表姊、表姊夫揭開自己的瘡疤，只能每天用酒精麻痺自己，工作愈來愈不正常下，與他們漸漸疏遠，最終選擇離開。

曾經我那麼想要平凡的生活，卻在我想珍惜時，瞬間從眼前消失。原來人可以在瞬間變成壞人，但想要變成好人，卻要付出相當沈重的代價。

走出迷途，回歸正途

最終，我因詐欺和偽造文書罪被逮捕了，被判七十二年，定讞執行十三年五個月，合併後執行十三年。發監臺中監獄服刑沒多久，我即被移監到屏東監獄，而後報考花蓮監獄附設正德進修學校就讀。

來到好山好水的花蓮，認識來自各地監獄的同學，都是菁英中的菁英。大家心存著一分期望來到這裏，希望把心思及精力放在課業上。我也不例外，攻讀我最愛的殯葬書籍，抱持堅定的心重返此行業，幫助需要幫助的人。

在這裏，我也遇見一群可愛、熱心、真誠的藍衣菩薩，稱為「師兄、師姊」。他們是慈濟基金會的志工，利用自有的空餘時間來到這裏，用最真誠的心、最熱誠的態度，奉獻他們最無私的愛心。

雖然我本身沒有太大的困擾需要輔導，但看在我眼裏，他們細心輔導每位需要輔導的同學，耐心聆聽同學的心聲，使同學們可以得到慰藉，並在他們的教導下導正觀念。

師兄、師姊們用最輕鬆愉快的方式融入我們，用生命教育等課程教化我們，導正我們錯誤的觀念。在日久相處之下，漸漸融化了我冰封已久的心，使我得以解脫，找到出口，更加確定自己未來的方向。

十幾年前，慈濟曾經幫助我。當時我還小，不知感恩是何物。現今又得到慈濟師兄、師姊的幫助，我才了解「感恩」的真諦，更加篤定可以有更好的信念並及時改正，而不是一錯再錯，執迷不悟。

我真誠的希望，還在迷途的人們，如果看見我的故事，可以當成你們的借鏡，放下手中的利益，解開心中的掙扎，別在黑暗迷途中迷失，儘快回歸正道吧！

生命之旅

家人對我的關懷，陪我度過人生低潮，
讓我在冰冷的鐵窗下，也能感受到一絲溫暖；
我還有一段漫長的路要走，不想再虛擲光陰，
我選擇到學生隊，邁向學習的旅程。

文／醒悟

我出生在臺中的一個平凡家庭，是家中的獨子，上有兩個姊姊，爸爸是水泥工，媽媽是家管。雖然經濟並不富裕，卻是個溫暖的家庭，有一個愛我的阿母。

交友不慎，一錯再錯

小時候總是喜歡賴著阿母，對她撒嬌，陪她做家事。上小學時，我也一直很努力地讀書，希望拿好成績證明自己，讓家人開心。

家人對我的期望很高，以「愛之深，責之切」的方式管教我。或許過於嚴厲，令我產生強烈的叛逆之心。上了國中後，我的想法與個性開始慢慢地轉變，交友不慎，終於讓自己逐步沈淪與墮落，導致荒廢學業。

回想少年時代的自己，其實是懵懂又不知上進，是非對錯也分不清楚。整日渾渾噩噩，醉生夢死，做事不專心，及至跟朋友成群結黨打架鬧事，染上吸毒的惡習。

一直鬧事的結果，就是不斷地進出警察局。記得有一次在警察局，阿母牽著我的手說：「男子漢不怕做錯事，只怕一錯再錯，不知悔改。只要你願意回頭，阿母一定會陪在你身邊。」

然而，那時年輕氣盛的我，根本沒有把阿母的話聽進耳裏，依然我行我素，惹是生非。

曾經，我試著找工作，想好好做人，卻沒有一樣工作做得長久。限於自己定力不足，始終擺脫不了毒品的誘惑，不務正業的情形下，為了能夠維持開銷，我只好選擇販毒。

販毒期間，我依然不停地犯案。路愈走愈偏，案子也愈犯愈大——恐嚇取財、販毒、擄人勒贖……大大小小的刑案，在無法自拔下，一步步地把自己逼上絕路。

我也曾想過回頭，卻已無路可退。直到我被警方逮捕，才結束了家人為我提心吊膽的日子。

阿母的白髮，驚醒浪子心

我被捕後直接收押禁見。因為刑案太多且複雜，被收押禁見將近一年。在禁見的日子裏，我無法與家人見面或通信，也完全接收不到外界的訊息。整天關在不到三坪的房間裏，除了開庭得以踏出房門外，其餘的時間只能在房間裏度過。

在與世隔絕的日子裏，每分每秒對我來說，都是一種煎熬。雖然無法會客，但阿母從無間斷地每個星期寄來我愛吃的菜。每當開庭時，法庭上也一定能見到阿母的身影；雖然無法交談，她卻不願放棄每個能看見我的機會。

最終，我被判刑二十四年。入監時我已二十七歲，當時的我，突然感到人生真的沒希望了。人雖然沒死，卻已被打入十八層地獄般，萬念俱灰，痛不欲生。

我時常在夜深人靜時問自己，我的人生是否還有機會重來？對此，我沒有答案。那時候的我，一度想要放棄自己，從此這樣渾渾噩噩地過下去。

服刑的這段期間，阿母每個星期都來會客，為我加油打氣，從不間斷。但我依然對未來感到絕望，直到有一次阿母來會客時，突然發現她的白頭髮變多了，才驚覺阿母真的老了。

阿母吃了一輩子的苦，到老還不能過上好一點的日子，還要為我操心，我心裏真的很難過。原來我是如此不孝，在阿母都不曾放棄的情況下，我卻自暴自棄地想要放棄自己。我怎麼可以如此自私，只為自己而活，卻從未想過要為我的阿母堅強地活下去！

回首往事，自己是真的錯了，錯得一塌糊塗，我辜負了太多人對我的期望。阿母漸漸蒼老的臉孔下，對我的愛卻永無止境，對我不斷付出，卻是一再地被我踐踏。

望著阿母那斑白的頭髮和憔悴的容顏，我流下了慚愧的眼淚，對著她說：「阿母歹勢，我予你失望了！」

阿母也流著眼淚對我說：「憨子啊！希望你這次進去好好改變自己，出來後可以重新開始。趕快回來，阿母會在家裏等你。」

看著阿母轉身離開的背影，這一幕深深印在我心裏，盤旋不去……我不只讓自己掉入萬丈深淵，傷害了身邊所有愛我的人，更拖累家人陪我一起受苦，心真的很痛，真的很想向他們說一聲：「抱歉！」

家人的關懷，邁向學習旅程

身陷囹圄將近七年，家人對我的關懷，陪我度過人生低潮，讓我在冰冷的鐵窗下，也能感受到一絲溫暖。面對我的刑期，還有一段漫長的路要走，不想再虛擲光陰的念頭下，我選擇來到學生隊，邁向學習的旅程。

雖然礙於環境無法學到太深的學問；然而，重拾書本，無非是為了彌補當初未能讀書的那分遺憾，也希望能透過老師的教誨，找到人生新方向。期盼出獄後，能重新開始，過新的人生，更希望能在父母有生之年，盡一分兒子應盡的責任，不再讓他們擔心難過。

現在對我來說，連走出監獄大門的能力都沒有，陪伴家人過著平凡的日子對我來言，都是一種奢望。所以，想跟大家說：「人生幾何？每逢日落夜淒涼，還是勸君及早醒悟，以免使親人悲傷，孝順真的要及時！」

學會珍惜

不經一事、不長一智！
每晚熄燈號後，午夜夢迴時，
心中想起對自己的期待，就存有無限希望……

文／青雲

每當深夜，在擁擠的舍房裏，室友都進入了夢鄉，唯我環顧四周，獨自沈思。這個夜晚，是我在監所度過兩千九百九十三個日子的夜晚。每逢如此夜深人靜時，總會引我憶起小時候……

不安定的心飄蕩

小時候父母離異，很多人可能認為像我這樣單親家庭與隔代教養教出來的孩子，生長環境並不健全。一直以來，我也有這種想法，直到我犯了大錯、失去自由，我才明白自己比任何家庭的小孩都幸福得多。

就因從小爸媽離異，我由阿嬤、阿姨、舅舅與舅媽帶大。直到我上國小時，才知道親生爸爸長什麼樣子，媽媽也因為工作關係，每每很久才能見一次面。

然而，我從來不覺得生長在這樣的家庭裏有什麼不幸福的；因為家人對我付出的愛，遠遠超出我的想像。爺爺與奶奶把我捧在手心裏當寶，舅舅、舅媽和阿姨則把我當成親生兒子疼。

可是，我從沒珍惜他們對我的愛，只是一再讓他們失望……

我不愛讀書，國中讀約一個月就休學了。媽媽與舅舅叮嚀我一定要有一技之長，就由舅舅帶我去學汽車鈑金。那時的學徒一天工資是五十元，且有工作才有錢，我一直做到店裏倒閉為止。

舅舅又帶我去學汽車修護。可是我嫌這項黑手工作，沒多久就不做了。而後，我一個工作換過一個工作，就像大家說的：「一年換二十四個老闆，回來吃尾牙還是早早。」家人卻對我始終不放棄，尤其是阿嬤特別疼我。

阿嬤的離去

記得十七歲那年，我在一家賓果餐廳當小弟。因為工作時間，我必須在店裏住宿。有一次回家，阿嬤關心地問我在外生活有沒有吃飽、有沒有錢。我回說已經吃了，身邊也還有錢。可阿嬤仍想拿錢給我，我不願拿她老人家難得來的零用錢，卻由衷感謝她對我的關愛。

沒想到，當我返回工作沒幾天，家人打電話說阿嬤已經中風。當我急忙趕回家時，阿嬤躺在豐原省立醫院的病床上，已經不能說話。

我知道阿嬤應該有很多話要跟我說，可是她全身只剩眼睛和手指能動。我傻傻地站在病床前看著她，眼淚一直流個不停。媽媽拉著我的手放在阿嬤的手上，阿嬤的手指微微地動了動，我知道阿嬤到這時候還是放心不下我。

阿姨和舅舅說，阿嬤是因為擔憂我一個人在外面生活才會中風。我聽了很難過，難過阿嬤為什麼沒等我賺錢回來盡一分孝心呢？一旁的媽媽見狀，語重心長地對我說：「還是回來吧！跟你舅舅去做水電，也可以在家照顧阿嬤。」

差不多七、八個月後，阿嬤終究離我們而去。離別時，她老人家只是靜靜地望著媽媽、阿姨、舅舅、舅媽、弟弟、妹妹和我，眼中的不捨與說不出的千言萬語，讓我們都禁不住痛哭失聲。

慘痛的代價

自從阿嬤走後，我的生活頓時沒了重心，在環境誘使下染上毒品，過著糜爛又放蕩、好像「有體無魂」的生活。也因此，我進出監所多次，卻是年輕不懂事，加上服刑期間沒吃到什麼苦，家人不離不棄的長期關懷與愛護，讓我覺得一切好像無所謂。

最後一次出獄，我仍然不安守本分，淨想些非分違法之事，心靈空虛下又染上毒品，獲得吸毒的快感後，更加沈溺於毒品中無法自拔。

在生活作息不正常的情況下，我一切經濟來源斷絕。為了買毒品，我不惜鋌而走險、不擇手段地找錢。一次，朋友來找我，訴說著日子不好過，於是我們又開始計畫四處搶劫，終日渾渾噩噩，過著放蕩又違法的生活。

明知道這是條不歸路，卻無法自拔。直到我被通緝、被抓到那一刻，一連串的懊惱與悔恨才頓然充塞心胸。我幾乎感覺不到呼吸，腦裏盤繞著「這一天終於還是來了」的思緒，終究還是要為所犯的過錯付出代價。

確實是慘痛的代價，近二十年的刑期，算一算，等我出獄時，已將五十歲……十五年多的囹圄生活，對我打擊甚大，卻也讓我深深醒悟許多事情，獲得更多重新修習人生的機會。

不放棄，學會珍惜

以前的我，總是由環境支配自己，不在乎外人眼光，不體恤家人的疼惜，遇到窘境不懂得面對，任由毒品麻醉自己、逃避現實。隨著年齡增長，看盡了人情冷暖，在冰冷的鐵窗裏，望著在天空自由翱翔的鳥兒，不受任何拘束地飛翔著，我才體悟，那不就是所謂的自由嗎？

一個人的成熟與成長，竟是要付出如此沈痛的代價。正所謂「不經一事、不長一智」，現在的我，已明白如何用思維改變心境，把一切逆境中的遭遇，都當作是學習忍耐的機會。

每晚熄燈號後，午夜夢迴時，心中想起對自己的期待，就存有無限希望。我希望出去後，能順心地規畫人生及未來，不再辜負家人的期許，也不再讓家裏任何一個人失望。

在這個監所，我另一個最大的收穫，就是「學會珍惜」。十多年來，我到過很多監所，從未像在這裏一樣，遇到慈濟的師兄、師姊們，那麼熱心、用心地關懷我們，從他們身上我學習到珍惜親情和友情。

他們有許多發人省思的故事，無論是楊靜娟師姊從三樓跌下，勇於對抗病魔，亦如生命的勇士——佐野有美，還是蔡耀星，他們不都是懷抱著永不放棄的信念，珍惜生命的可貴，與樂觀不悲傷的心態面對人生，因而創造出無限的可能。

一段段勇於堅持的故事，讓我深深體會生命的真義。人的一生總有個永不後悔的選擇，就算身處黑暗中，人生歧路隨處可見，一個轉變就會是不同人生；而我，有幸能及時獲得慈濟師兄、師姊的滋潤，找到新思路，做出正確的選擇。

從師兄、師姊身上看見了那分菩薩心腸和幫助人的快樂，我體悟生活並不一定要很富裕，平凡的生活一樣能有快樂的日子；簡單質樸帶來的幸福感，就能讓人擺脫欲望束縛的枷鎖，讓人更懂得珍惜，更懂得心存感恩！

給摯愛女兒的一封信

文
葉鎮

這一切不幸，都是我一手造成的，
沒有人錯，錯的只有爸爸。
失去並不真的可惜，而是擁有時不珍惜。

○○寶貝如晤：

那天中秋節懇親，爸爸終於抱到你了，你不知道我有多高興？為了這一刻，爸爸等了好多年了，你說：「爸爸怎麼在哭哭？」乖女兒，爸爸是喜極而泣呵！

寶貝，對不起

寶貝，你出生才六個月大，爸爸就因案入監服刑，轉眼間你已五歲多。這段時間，我無時無刻不想念寶貝女兒你，思念就像孫悟空的緊箍咒，愈是掙扎箍得愈緊；也像那蔓綠絨四處攀爬，卻不知會蔓延何方？如今，我朝思暮想的你緊緊依偎在我懷裏，那種真實感覺，怎不教爸爸感動、感恩，歡欣落淚？

爸爸真的對不起你，你還在襁褓中、懵懂無知時，我就離你而去。少了父親的疼愛，注定了多舛的命運。

「其實，失去並不真的可惜，而是擁有時不珍惜。」

在你牙牙學語和蹣跚學步的時期，是爸爸最為期待、也最想陪你走過的一段路。多希望聽到你第一次開口說話，是叫「爸爸」。奈何我什麼都不能做，只能任你在媽媽相伴下艱辛摸索，黯然長大，更讓你背負「單親家庭小孩」的悲傷。

若比較爸爸和你的成長環境，那可是天壤之別！你的阿公、阿嬤非但給了我非常優渥生活，且從未錯過我任何成長階段。爸爸是在他們無微不至、小心呵護之下成長茁壯的；你卻沒有爸爸這般幸運，是我一手剝奪了你的權益。

爸爸錯了！

讓爸爸不捨的是，一向把你「惜命命」的阿公——也就是我的父親，那麼早就離開人世，讓原就缺少父愛的你，又頓時陷入少了阿公疼惜的孤單中，想到你的多舛命運，我不禁悲從中來……

接著你母親承受不了壓力而下堂求去，是讓爸爸不能接受也最難過的一件事，但我並不怪你母親。畢竟一切都是爸爸的錯，是我沒有負起一家之主的責任，讓你母親處於孤單悲苦之中，不得不做此下策。

我能體會你母親的苦衷，她是那麼秀氣纖弱，要獨力照顧你、照顧公公婆婆、照顧這個家，還得分心顧慮我的心情，誰能輕鬆應付？我想換成任何人，都會像你母親一樣求去。爸爸心中對她沒有任何怨言，有的只是歉疚和感激——感激她為我的犧牲和付出，感激她為我所做的一切，更感激她為我生下你這麼可愛的女兒。

最讓我難過的是——爸爸想到今後你只能和阿嬤相依為命了，想到你們的處境，不禁潸然淚下……這一切不幸，都是我一手造成的，沒有人錯，錯的只有爸爸。

想到你是那麼善解人意，活潑可愛，該是無憂無慮的年紀，卻因爸爸一時迷失，剝奪了你正常生活的權利。想到心肝寶貝你這麼小的年紀，就必須面對這麼多的不幸和壓力，內心隱隱揪痛……

爸爸虧欠你的太多太多了，多到永遠都無法彌補，我無時不想念你，想知道寶貝現在在做什麼？就算是匆匆一眼也好；然而，礙於監所規定，看你一眼，都是那般困難，更遑論能緊緊抱著你，何異於天方夜譚？似乎唯有在夢境中，爸爸才能一嘗宿願；只是醒後你的蹤影頓失，讓我更加惆悵。

戒菸，為了寶貝女兒

當爸爸知道監所「戒菸」的獎勵辦法時，內心雀躍不已，加不加分倒是其次，最讓爸爸心動的是那張「榮譽卡」。要辦理懇親和家人面對面互動，除了編級二級以上才能辦理之外，唯一的例外就是持有「榮譽卡」。

爸爸抽菸二十多年，菸癮不可謂不大；之前在外面時，也嘗試戒菸，卻怎麼戒都戒不掉，不抽菸好像整個人和身體都怪怪的，尤其沒什麼誘因讓我下定決心戒菸，就不了了之。

而今，誘因有了，且是「天大的誘因」。有這張榮譽卡，爸爸就能辦理懇親，也就能毫無阻隔地抱著寶貝女兒，那是爸爸午夜夢迴最大的期盼啊！當下爸爸不假思索毅然決然地開始戒菸。

剛開始，非常不習慣，尤其聞到菸味，總教我渾身不自在，蠢蠢欲動，很想燃起一根解解癮。當時有許多同學知道我在戒菸，鼓勵和嘲諷兼有之。

「人生苦短，想抽就抽，幹嘛要刻意去戒菸？」

「飯後一根菸，快樂似神仙！」

「戒菸？你頭殼壞掉？沒事找罪受！」

這些嘲諷，曾經動搖爸爸的信心，心中不時問著自己：該不該戒？要不要戒？

「戒菸對身體有益，加油！」

「我們相信你一定可以做到的，不要放棄！」

「為了你的女兒，一定要堅持到底！」這些溫暖的關懷，在我猶豫不決的時候，給了我無比的信心和力量。對啊！有什麼事能比女兒重要，假如我連菸癮的誘惑都抗拒不了，還能做什麼大事？

更神奇的是，每當爸爸快忍受不住煎熬而想抽菸時，腦海中便會自動浮現寶貝女兒你活潑美麗的身影和笑語，你像是一位可愛的天使——戒菸天使，手中的魔法棒往爸爸身上一點——說也奇怪再大的菸癮竟都消失無蹤了。

在爸爸心中，沒有任何事能比擁抱你更為重要，菸癮算什麼？抽了二十幾年又怎樣？只要能將你擁入懷裏，一切的改變都是值得的。別人怎麼看，我不知道！至少爸爸是這樣認為。

我也知道戒菸不容易，但在爸爸心中「抽菸」和「寶貝女兒」是不能相提並論的，這世上沒有任何事物能比我乖乖寶貝更重要的了。

改變，與你相伴

戒除二十幾年的惡習，只是爸爸改變的第一步。我深知該改變的不止抽菸而已，為了能有傑出表現，更為了能早日返鄉陪伴心肝寶貝女兒，除了恪守監規不敢踰越之外，我還報考了監內附設的正德進修學校高中部。

一來想重溫學生時代的舊夢；二來期盼能陶冶性情，增廣見聞，從中學習為人處事的道理和原則；三來希望藉由優異的表現，讓我能早日返鄉與你相伴。

想到與乖乖寶貝你相伴，爸爸心裏就陣陣的酸楚和歉疚，尤其當收音機傳來那首：

世上只有媽媽好，有媽的孩子像個寶，投進媽媽的懷抱，幸福享不了。

沒有媽媽最苦惱，沒媽的孩子像棵草，離開媽媽的懷抱，幸福哪裏找？

世上只有媽媽好，有媽的孩子不知道，如果他能知道，夢裏也會笑。

優美的旋律，哀戚的歌詞，總教我悲傷到不能自已；因為爸爸，讓你的童年蒙上陰影，我知道這樣艱困環境成長的孩子極其不易。

別的小孩跌倒了，有爸媽扶起，你卻要自己爬起來；別的小孩受了委屈，有爸媽可以哭訴，你卻只能含淚往肚吞；別的小孩有父母的疼愛、溺愛、寵愛，捧在手心呵護是天經地義的事，而這小小的要求，對你而言卻是比登天還難。

你才五歲多，爸爸竟殘忍地將這麼沈重的壓力加諸於你，讓你飽嘗人情冷暖和世態炎涼，爸爸不禁懷疑——你幼小的心靈如何面對這些殘酷的打擊？你如何面對沒有父母疼愛的事實？受了委屈，向誰哭訴？誰又能在你悲傷、疼痛時，緊緊擁抱著你，對你說：「乖！我的小寶貝，不哭！爸爸、媽媽疼愛你！」

向寶貝女兒學習

懇親結束後，阿嬤帶著依依不捨的你離開，看著你哭著不停地回頭跟爸爸揮手，剎那間，情緒崩潰的我，再也忍不住淚流滿面……

接下來的幾天，爸爸失眠了！未嘗稍歇的紊亂思緒，就像不斷襲擊囚房窗戶的驟雨——啪搭！啪搭！直到將我驚醒。

「一、二、三、四、五，驟雨敲窗鼓，唯有獄中人，聲聲聽得苦。」

收起無奈和悲傷的心情，我知道自己要堅強，絕對不能倒下去，因為爸爸是寶貝女兒最後一根支柱，假如倒塌了，那我的心肝寶貝該如何是好？

寶貝你是那麼堅強，乖乖跟著阿嬤不吵也不鬧，幫忙做家事，從不讓人擔心。阿嬤是那麼地誇獎你，爸爸也要學寶貝女兒你，做一個人人稱讚的好人。希望在不久的將來，就能每天牽著你的手，走過人生的每一步。

守護天使

文／育民

在柔弱外表下，您隱藏著一顆堅毅的心，始終懷抱希望；
虔心祈願，我以痛定思痛的信念和毅力，重拾溫馨的家園；
縱使過程有多艱辛，我都會努力勇敢地堅持下去，
不為別的，只為了您——我最深愛的母親！

每個人都有一位守護天使，一位真心關愛、犧牲奉獻也絕不會在意你所有缺點的——那就是母親。

母親，永遠的巨人

母親您在柔弱外表下，隱藏著一顆堅毅的心，一顆始終都對我懷抱希望

的慈悲心，一顆永遠都會原諒的寬容心，寧可自己吃苦也不願我遭受半點委屈，總會在我最需要時給予適時的幫助與關懷，在我遭遇挫折時給予最真摯的關心與鼓勵。

儘管您是如此瘦弱，卻是我心中永遠的巨人，為我撐起頭上的一片天。如果有一個人值得我用整個生命去感激，我敢肯定那絕對是您，我的母親！

您為了扶養我們，讓我們有更好的生活，每天兼差好多份工作。當我犯錯挨棍子時，您總是半夜偷偷幫我擦藥，自己默默流淚；當我叛逆觸法被帶到警察局，您總是第一時間趕到；當我入監服刑時，您總是不辭辛勞，每星期都會來探望我，只希望我能感受到您的關心。

無論我做了多大的錯事，您總是把一切過錯攬在自己身上，跪在神明面前，一邊流淚，一邊懺悔。

然而，我卻令您如此痛心難過！染上毒品並販毒，妻離子散，家庭破碎。如果過去我能懂事些，讓您少傷點心，現在的我心裏或許會好受些。我真不懂當初為什麼會將世間愛我最深的人，刺得那麼痛，傷得那麼深。

曾經無知叛逆，曾經充實快樂

我從小在單親家庭中長大，三個兄弟姊妹都跟隨母親生活。缺少父親的關懷與愛護，是母親感到最虧欠我們的一點，因此對我們特別溺愛。我們的成長過程，總是在母親豐碩羽翼之下度過，雖然生活不是很富裕，卻受到母親處處的呵護、包容與疼愛。這些無私的愛，卻也讓我覺得理所當然，完全不懂得珍惜，反之更加蹧蹋。

心想，無論發生什麼事，都會有母親的保護，讓我有了「只要我喜歡，有什麼不可以」的心態，和「天不怕，地不怕」的個性。

國中二年級時，因為自己的貪玩、叛逆，不愛讀書而中輟學業。我開始蹺家，四處遊玩，以偷、搶為樂。一向以朋友為重心的我，完全不分好壞。只要朋友相約，一定赴湯蹈火，在所不辭；也因此染上毒品惡習，開啟了終日以毒為伍的日子，渾渾噩噩、行屍走肉地過每一天。

回想被毒品綑綁侵蝕的日子，不禁讓人心酸。十多年來斷斷續續因為自己所謂的義氣、無知叛逆，價值觀的偏差，開始進出各監所，以監獄為家，不知讓母親、家人流下了多少傷心的淚水。

直到當兵退伍，有了妻小之後，曾讓我非常珍惜那段幸福時光。我努力工作，有固定收入，生活作息規律，雖然辛苦，卻很充實快樂。

變本加厲，再陷囹圄

然而，好景不常，原本收入不高的我，在第二個孩子出世後，頓時經濟成了最大負擔。總想努力堅持下去，無奈金錢的壓力，成為壓倒駱駝的最後一根稻草。

我開始尋求快速賺錢的方式，重回毒品行列，以販毒作為收入來源。我每天吸毒、賭博、出入聲色場所；然而，錢賺得快，花得更快。心想，反正錢花完，再賣毒就有了。

雖然明知販毒、吸毒，不僅會害人也害己；但當時腦子已遭金錢驅使，完全不管事後必須承受後果，只要有錢，什麼都無所謂。

這樣的狀況不僅沒讓我的收入好轉，反而每天過著提心吊膽、疑神疑鬼、躲躲藏藏的日子；而後更因案遭法院通緝，開始和幾個朋友過著逃亡的日子。

被通緝的歲月裏，花費更大，於是聽了朋友提議——用搶的比較快，四個人組成強盜集團，每天持刀、拿槍到處行搶，什麼都不怕，心裏只有錢，雙眼完全被金錢矇蔽。

失去理智、愈陷愈深的我，沒有任何收斂，變本加厲地犯下更多案子。

終於在二〇〇八年初被警方查獲，經法院審理後，因強盜、毒品等多項犯行，判處有期徒刑二十八年五個月，重回囹圄。

失落的人生，不堪回首

失去理智下的衝動，加諸於身的只有冰冷的鐵窗。橫條的鐵窗，縫口像是嘲笑的小丑。遠眺窗外，映入眼簾的是一片比天空更深的靛青顏色，白雲在天空自由自在地飄動；人影在鐵窗裏晃動，成為最拘束的鎖扣，鎖住自由，鎖住青春，鎖住了原本該屬於自己的幸福。

幾載的鐵窗生活，讓我有如一顆蟄伏在河流底層的石頭一般，儘管眼前世事多變，我卻絲毫未受改變。這樣的感受，除了無力和無奈之外，更有著深層的悲哀。悲哀的是，因為我的衝動、無知，讓我失去自由、失去家人、失去妻子，更失去與孩子相聚、陪伴他們長大的機會。

受桎梏以來，每次午夜夢迴，回想著家人心中難言的苦痛，內心充斥著空前的無助，而讓自己沈溺在極度空虛與惶恐之中。時間對我而言，已失去意義，心中只有空洞，生活也只剩下失落。

總覺得沒有人可以幫助我，心中瀰漫著絕望頹喪的感受。度過了無數囚城的日落黃昏，書寫過許多寄回家的懺悔心語。然而，每每夜闌更靜，縈繞腦海的還是那一幕幕不堪回首的往事。

明知這種回憶只平添愧疚和心酸，我卻無力抵抗這人生的無奈與痛楚。直到來花蓮監獄附設正德進修學校就讀，因緣際會下接觸到慈濟。

迷途羔羊，冀望彌補一切

原本對慈濟這個陌生的團體有著莫名排斥；然而，看到每一位師兄、師姊為我們這群陌不熟識、站在懸崖邊的迷途羔羊付出一切心力，無論是替我們關心家人，拉近我們與家人之間的距離，教導我們知識、學識與人文素養，都抱持著無私的信念，讓我漸漸不再排斥了。

再從各方面得知「證嚴法師」為了眾生，為了貧困的世人，寧願自己過著拮据生活，一步步艱辛地為信念而努力，只希望世上困苦的人有更好、更安穩的生活，大愛無私的精神，讓我有了很深的感觸。

清楚記得在一次懇親會上，母親拖著疲憊的身影，帶著兩個年幼孩子，長途跋涉到花蓮探望我，臉上露出內心無奈、悽涼的神情，霎時萬般悔恨交織盤錯，如波濤洶湧的巨浪般，排山倒海地湧上我心頭。

母親用盡一生努力，編織了曾經引以為傲的家，如今已逾花甲之年的她，卻只落得與孤寂為伴。我百感交集，悲從中來，一種未曾有過的人生蒼涼湧入肺腑、刺入心窩，猶如撕肝裂膽般哀慟。

母親為了自己的孩子，無論受再大委屈，吃再多苦，也未曾有過一句埋怨；慈濟的師兄、師姊為了許多不曾相識的人，付出多少真誠的關愛，也不曾有過任何厭煩舉動；證嚴法師為了眾生，無論遇到多大的挫折、困難，也未曾有過放棄的念頭……

然而，我卻因經濟壓力、愛玩、衝動，吃了點苦頭，便讓自己走向萬劫不復的深淵，家人為我所累，母親為我失望，最終只能冀望有機會能彌補因我而頓失一切的家。

回頭，只為您

母親，我想對您說，因為有您的慈悲包容心，和無怨無悔的付出，讓我有了往前的原動力。我也會秉持證嚴法師及慈濟師兄、師姊般的無私大愛，不怕吃苦的信念，勇敢地站起來，堅持地活下去。

現在的我，會利用失去自由的時光充實自己，彌補荒廢而欠缺的學識。畢竟在未來，仍有更多挑戰等著我去面對，做足了準備，才能在重新出發的道路上走得更安穩。

每個人的一生，是由許多崎嶇不平的道路組成，一路上會有許多阻礙、考驗和誘惑。當遇到障礙、走向懸崖時，一定要及時煞車，不要等到撞得頭破血流、傷痕累累，失去所有一切後，才懂得回頭。我，不就是如此嗎？

遊蕩了十多年，到頭來最支持、關心我的只剩下母親和家人，「望子成龍，望女成鳳」是每個母親對孩子的期許，我卻虛度了數十年光陰；如今回到原點，重新開始，不再追憶過往，只想在往後的日子中平穩生活，好好地孝順母親與陪伴家人，成為母親的驕傲，畢竟「百善孝為先」，不是嗎？

虔心祈願，我能用這股痛定思痛的信念和毅力，重拾曾經充滿歡樂、洋溢溫馨的家園；縱使過程中，要忍受、付出的何其之多、何其之深，我都會努力勇敢地堅持下去，不為別的，只為了您，我最深愛的母親！

我想對你說

文／山羊

以前的我，總吝於表達對你的情感，「愛」好像理所當然；
現在的我突然害怕，
如果只是為了等待最好的時機才說，
會不會反而一直等不到那最好的時機呢？

我總是不願稱呼「您」，因為尊敬的姿態，讓我感覺與你有距離；而叫喚「你」時，則多了一些專屬於你的溫暖與溫柔。

在光影交錯間，想念你

上次打電話給你時，你低聲說正在上電腦課，要我等一下，你要換個地方講話。隨著你步出教室那一陣短暫靜默，我的心好像經歷了一場小小的衝突。不是因為打電話給你的時機點不對而感到唐突，而是感受到你闊步向前的豪邁步伐，比我想像的更為瀟灑、更有力量。

話筒那頭，你雀躍地說，你已經學會怎麼用「賴」傳送貼圖，這幾天拿著手機一直找阿姨做實驗，傳了好多張可愛的貼圖給她，阿姨也分享了好多可愛的貼圖給你。七十多歲的你，能夠擁有這樣接觸新事物的喜悅，像個拿到新玩具的孩子，我由衷為你感到開心。

只是不知為何，我的心還是有些落寞。可能是吃阿姨的醋吧？也可能是怪罪自己不爭氣，沒能當你實驗貼圖的對象。畢竟以前都是我教你怎麼操作手機、怎麼看簡訊；如今時過境遷，我只能透過微笑、透過話筒，參與你的改變。

身陷囹圄的日子裏，我時常想起小時候的點點滴滴。雖然應該要學習的是「向前」、「向上」，但每當午夜夢迴時，夢境就像第四臺的二輪電影一樣，反覆播放著各種記憶碎片；或許是在深夜，或許是在清晨，常是各種壓抑的無聲情緒，伴著我或喜或悲地醒來。不論夢境是喜是悲，再不能寐的我，只能徒然望向窗外天幕，虛嘆悠悠。

囹圄中的日子就是這樣，在光影交錯間緩步前進著；如果說「光」代表的是盼望，「影」代表的是回顧，那麼兩者之間的共通性就是——你。

你的身旁，就是天堂

還記得我念小學時，每天放學後，我們都會一起回家。回家的路途主要分成兩段：前半段是從學校等公車來，然後搭公車回到離我們家最近的那個站牌；後半段則是下了公車後，站牌到家門口的那一段穿街過巷的距離。這一路搖搖晃晃，走走停停，是專屬於我倆每天的獨處時光。

每天搭公車時，你會將算好的車資給我。因為你知道我喜歡聽那銅板掉落到投錢箱中的鏗鏘聲，所以把我倆的車資交由我投下。於是，投幣的鏗鏘聲，便成了我記憶的鑰匙。每當聽到有人投幣的聲音，腦海中就能浮現，你與我相扶持上公車的畫面。

我喜歡緊貼著公車的窗戶向外張望，有時看著沿路的風景人物，有時看著窗戶上的雨珠被行駛中的風吹颳變形的樣子；你總是靜靜地靠在椅背上打盹，並事先叮囑我，要在快到家的前一站叫醒你。

雖然吵鬧的環境更突顯我倆的無聲，但我一點都不感到孤獨。因為我知道你就在我身邊，只要我一聲呼喚，你就會張眼望向我、回應我的呼求。安心，在彼此身旁休憩，世間的喧囂，都成了背景；你的身旁，就是天堂。

相對於公車上的靜默，下車後走回家的那段路程，就是我倆言語交流最多的時候。每天在學校發生的事，與老師、同學間的互動，甚至是前一天晚上八點檔的劇情，都能透過我嘰嘰喳喳的小嘴不斷演繹，而你總是若無其事聽著，卻又能恰到好處地回應。

因為羞赧，我不願讓你牽著手，寧願選擇像隻寄居蟹一樣，背著書包，兩手又拎著大包小包的蔬果、家用品，傴傴向前。

有時你為了獎賞我的孝順與武勇，會讓我在家門口樓下的雜貨店，選買糖果或是汽水，而我老是撒嬌兩者皆要。你口中雖然罵我貪得無厭，卻又總是滿足我的小小要求。

很平凡的我，很平凡的你，很平凡地捧在手掌心，卻是彼此心中獨一無二的寶。

祕密，溫暖懷抱

記憶中最深刻的一次回家經驗，是我們一起撿到貓咪「小乖」的那個下午。那天下午，天還微微飄著雨，我們撐著傘，在公車站旁發現一只紙箱，遠遠的，就依稀聽到微弱的喵喵聲。

紙箱裏是隻奄奄一息的小貓，似乎想要用盡生命的力氣，向上天哭喊著世界對牠的殘忍。昏暗的雨幕底下，你蹲在紙箱前查看小貓狀況，我撐著傘為你與小貓擋雨：而在溼透的紙箱裏面，小貓緊緊地勾抱著你的手指，像是又重新勾抱住了將牠遺棄的溫柔。

回家的路上，我一直望著你懷中的紙箱，好奇這隻小貓的種種，迫不及待想多看牠幾眼。你看著我好奇的眼神，告誡我，先不可以讓爺爺知道，要等看過獸醫之後，才可以決定要不要收養。

這分約定的時間雖然短暫，卻是我倆的少數祕密之一。

這隻小貓，後來取名叫「小乖」，一直到幾年前離世，都是你腳邊最乖、最柔軟的跟班。

我長大後，每次回想這件事情，都不禁聯想到我的身世。當初，我是否也被當作某種祕密，要割捨而無法割捨，要說明卻無法說明，最後被媽媽抱到了你的面前，然後被你溫暖地懷抱了起來。

那隻掉隊的雛雁

爸爸在我出生後的隔年，就跟媽媽離婚，遠走他鄉，另組家庭；年輕的媽媽將我交給了你，才能繼續她剛起步的夢想。你總是教我，不要怪爸爸，也不要怪媽媽；但是也千萬不能學他們。我的人生，有我自己的路要走。

「不要因為別人的錯誤而折磨自己。」那是你教導我的第一個座右銘。

其實，愚鈍的我，一直都沒感受到父母離異對我產生的影響，因為你和爺爺就像我的父母一般，照耀著我的日與夜。我只要一伸手就能觸摸到滿滿的親情，又何必追尋離我而去的委屈呢？

我沒有怨懟過我的父母，因為我有他們的父母，用比他們更為稱職、更為強壯的羽翼懷抱我。對此，我是滿懷感謝的。

不只是感謝你與爺爺，也感謝我的爸爸、媽媽。因為他們，才能將我的血緣與你們接連在一起，也才能傳承你們的溫暖，並驕傲地向上帝說明，我擁有你給我無限的愛，不論是曾經還是永遠，都是那麼閃耀、那麼炙熱。

如果用一種動物來比喻我們的關係，我覺得成群結隊、寒來暑往的雁鳥，是再合適不過了。當我睜眼望見你時，你便是我的親雁，自此我的一生，都要仰賴你的羽翼、你的引領。不論晴天還是雨天，不論高山還是壑谷，只要我緊緊跟隨在你身邊，就能平安地飽覽人世間一切。

然而，雁群需要不斷遷徙，就像人生是不停轉動的齒輪。在雁群遷徙的過程中，雛雁因追花逐蝶，或慵懶貪睡而掉隊的例子也不少見。不幸的是，我正是那隻掉隊的雛雁。

籠中囚鳥，不堪的江湖夢

希望自立自強，我在高中畢業後，便開始半工半讀。課業與工作，我並不能兼顧得很好，幾乎是用苟延殘喘的姿態咬牙苦撐。你總是對我說，專心念書就好，學費不用煩惱；好強的我，並沒有聽從你的安排，堅信自己能獨當一面的幻影，卻也不斷地失敗。

人在意志消沈的時候，價值觀很容易因錯誤的引領受影響。所以，當我察覺我因為別人錯誤的期望，成為犯罪集團的一員時，那些強大的黑色結構已將我封鎖成一隻只看得見籠中世界的囚鳥。

偏差行為的一開始也只是小錯、小惡，就像清水中注入一滴墨汁，當錯誤不斷累積，漸次染色的清水，就難以復見原本的清澈透明。於是，我終究在背著你的情況下，變成了別人眼中無惡不作的壞蛋。

全副武裝的刑警衝進我們家的那天，你剛好晨間散步回來。開門後看到一片狼藉的你，一定嚇壞了吧？被拘拿住的我，雖然看不見背後你臉上的表情，但我還是能感受到空氣中有屬於你的焦急。

當手銬收束的那一刻，急促的鏈擊聲，像一把嚴冰利刃，粉碎了你多年來對我莘莘向學的期待，也斬斷了我荒唐不堪的江湖夢。

你一直都有權利狠狠地責怪我、鞭笞我的不是，但在法官裁定將我收押入監之時，你卻只是淚眼濟濟地拉著我上銬的手，跟我說，「照顧自己，不要擔心，會幫忙找最好的律師。」

那時我才深深體會，有時候，「原諒」比「責罵」更能挽回缺失的心，因為在你那聲聲叮囑關懷裏，包覆我心的凶厲早已融化殆盡。

如果我能早些想到，逞凶鬥狠的代價是如此昂貴，殘暴的偽裝根本保護不了自己的懦弱，況且到頭來只能被當作惡貫滿盈的匪徒被銬進鐵牢裏，或許我就不會違背你的勸阻，讓自己走上一條險惡歧路。

望見你的身影，飄浮的思緒

贖罪的漫長過程，持續著斷骨重生的痛楚。然而，面對這分痛楚，若不是一路有你的支持、鼓勵，我該何以為繼，直到今日。

那天，你坐火車從臺北一路顛簸到花蓮來看我，隔著會客窗口的鐵窗與強化玻璃，我一眼看到了你身上的支撐架，心底與眼底同時痠痛起來。

你說，前幾日在家門口跌了一跤，摔傷了大骨。醫師說要留院觀察一陣子，你卻嫌在醫院裏悶、待不住，一時間又很想看我，就自己偷偷背著醫師跑來了。

你說得輕鬆，卻不知無聲的震撼同時在我的腦海與心口咆哮著。我應當是隨侍在你身邊的枴杖與支柱，卻怎淪為你康復的障礙呢！

相對於你漫長地來回車程，十五分鐘的會客時間一眨眼就結束了。我走在返回單位的路途上，提著你親手炒的菜，聞著熟悉的鍋鏟焦香，冗長的走廊上只有腳步聲；然而，你遭受的苦難生活，在我的眼前卻已幻化成真實的災難，每一步、每一秒都重重地擊打著、提醒著我——因為你的不離不棄，讓你也背負了我的罪罰，且受得比我更多更多。

這天，慈濟的師姊們來我們這裏做志工教化，我看到她們穿著像旗袍的制服，好似你寄來的那張照片。照片裏，你穿著繡花旗袍，專注地看著前方，神情肅穆。那是你參加社區銀髮合唱團演出的樣子。

此時的我，好像也十分專注地看著前方臺上教化的師姊，可是思緒卻不斷飄浮在圍牆之外……

奶奶，我愛你

以前的我，總吝於表達我對你的情感，因為「愛」，好像理所當然，不用掛在嘴邊，用心能感覺到就好了。但是，現在的我突然害怕，如果只是為了等待最好的時機才說，會不會反而一直等不到那最好的時機呢？

我想跟你說，時間的推移與距離的隔閡，並無法切斷你我之間的羈絆，只要心還跳動著，我相信我們都能感受到一樣的頻率。不論身在哪裏，我的心都會一路緊緊伴隨，伴隨你的高興、你的傷心，伴隨你的所有一切。

我想跟你說，就算環境不斷遷移，對我而言，有你的地方，才算是家鄉，才有資格被稱作天堂；不論今生還是來世，我都不會忘記那一段一起回家的日子，因為那永遠是我最最寶貴的時光。

我想跟你說，這世界上沒有言語或文字，可以形容我對你的感恩與愧疚，因為你對我而言，早就是我世界的全部。我的世界，也因為有你，才有意義。

我想跟你說，請你保重身體，好讓我能夠再有多一些時間，多說幾次，「奶奶，我愛你！」

等待鉛華散去

文／少棋

寫字的筆畫很重要，
清楚、端正就是一種美；
字都是練出來的，
我想人生中有好多事物，也都是練出來的。

很多受刑人鑄下大錯前，根本未能思慮究竟會造成什麼樣的嚴重後果？當刑期臨頭後，良心的悔恨、苛責、遺憾已嫌太遲，心情的低落憂鬱，非三言兩語可以形容。

因為我領悟所失去的，不僅止於自身的幸福未來，還有一個教訓——喪失自由，指的不單單是身體行動受限制，而是多層次的自由被剝奪。

例如，看親人、談話、工作、洗澡、刮鬍子、欣賞電視、躺下來睡覺、仰望藍天等自由，都像令人屏息的痛苦經歷，默默地蔓延於心。

當一切自由被剝奪，留下空蕩蕩的世界，即使四肢完好，沒有任何明顯傷痕的人，受創的心靈都難以癒合。如果您在這裏看見有人黯然神傷，那是因為他後悔難當；只有不肯悔悟、不抱持希望和無動於衷的人，才會走向極端毀滅之路。

人生也是練出來的

我想對慈濟師兄、師姊們說：「謝謝！」

當您們為犯錯的同學求情、跪香和關心我們的需要時；聽我訴苦、談心，在祈福法會領取食物與飲料時；給予我們文具用品、尿布、奶粉，以及藥物減輕身體痠疼時；教我們英文會話、寫作，寫字的方式與方法時；教我茶道、攝影器材使用、手語時；用真心關懷我們而不為傳教時；教我們許許多多受用不盡的智慧，為我帶來一次又一次的感動時……我就想對您們說出心中的感恩！

當靜思精舍純寬師父站上一年級班的講臺時，我是唯一沒有起立敬禮的人。因為我告訴自己是受洗的基督教徒，多年閱讀《聖經》教義的我，不能敬拜他神是我的戒律；當穿著灰袍、削髮的僧尼出現我眼前時，我只想逃離。

現實卻不允許我這麼做，我得坐在教室裏。當我和師父彼此眼神交會時，我看出他的韜光養晦，他看出我的嗤之以鼻。當他坐在我們身後專心聆聽臺上分享時的表情，與我之間的心電感應，就像是種內心的對話。我心想，他在臺上講的話，指的是我嗎？

當師父走近我身旁說：「我想看看這位同學在忙什麼？」十幾位同學異口同聲地說：「他在寫作文，要投稿的，是寫作班的工作啦！」

師父聽了後，輕聲細語、態度親切地九十度彎腰，有禮地問我：「我能看看你在寫什麼嗎？」我毫不掩飾地推了桌上的筆記本，回答：「可以啊！」再盯著他一上一下的眼球，內心感覺早已與他對話交鋒數次了。

其實內心多次掙扎著，不能接近其他宗教，不能被佛教洗腦，不能靠近這些出家人；但上課時間不允許我逃脫，於是我問了一句：「『縲絏之中』指的是監獄嗎？」

我嘴裏這樣問著，內心的真實心意卻是：「自己被這六、七個穿著同樣制服的人『綑綁住了』！」因為師父是一位博士、大學教授，不可能不懂「縲絏」之意。

一旁有慈濟師姊幫著回答：「對，是指監獄！」師姊不知，我只是想借「縲絏」兩個字說明自己的處境與心中感受。師父智慧地退回講臺上問大家：「班上有基督教徒嗎？」我迅速高舉右手，毫不遲疑。

他擺手示意我們放下。而後拿起白板筆寫下一個「王」字，畫出方格，開始教我們筆畫與置中，教我們如何寫好一個字。我認真聽，仔細看方格中的等比劃分，學到了寫字的方法，我勤於練習之後，進步神速。

坦白說，我一直渴望把字寫端正、好看，讓人看得舒服。在這以前我寫過一百萬字以上，也明白字不是寫得多就一定寫得好；經過師父的教導，我改變了寫字的方法與方向。

「分左右置中，筆畫由左至右、由上至下；天地方格，置中，不偏左、右、上、下……」寫字的筆畫很重要，清楚、端正就是一種美。字都是練出來的，我想人生中有好多事物，也都是練出來的。

每週兩次與慈濟師兄、師姊接觸，已有一段時間了。我拒人於千里之外的行徑，加上不要對我傳教的刻意逃避，並沒有讓自己遠離善知識，反而透過一次又一次的接觸，產生了情感。

鐵石心腸的感動

一次，法務部次長蒞臨「生命教育成果展」，在大禮堂中，我看見師兄、師姊忙裏忙外地攝影、拍照、採訪。我看見一位嘴唇發白、坐著的師姊，我說：「一定是很累了吧！忙了一整天都沒能坐下來喝口水。」因為有了情感，所以懂得設身處地關心。

國文老師上臺領獎的那一刻，我想起他為我們上的第一堂課「雅量」——教會我們容忍並尊重別人與我們的不同。我想全學生隊一百六十人上下，一定有非佛教徒；宗教教化的方式與涵義各有不同，重點在善知識的傳導而非分別教派，更重要的是我從中學到了什麼？

在高惟磺師兄親身訴說經歷中，從頭至尾我紅了兩次眼眶。一次是，那捐髮獻愛心的小女孩，三十萬賣了她的長髮；二是，當得主以三十萬標得此髮後，行使落髮同時，囊空如洗，一心只想做善事，用盡所有，只盼能幫助苦難的人。

我也有一個二十出頭的女兒，她愛髮如命，綁髮結辮子更是裝飾的重點。沒有綁上「啾啾（蝴蝶結）」就臭臉，嘟嘴不出門；沒時間找髮夾或結辮子，她會拿著鏡子、梳子纏著你不願離去，硬拉她出門，她會當場哭給你聽……

故事中的小女孩堅決剪去她心愛多年的長髮，用愛自己長髮的心去愛苦難中的人。看到剪刀出現在前，我心酸酸的，卻見那女孩神情鎮定的樣子，因愛心而勇敢的行為、眼神、決心，著實感動了我這顆鐵石心腸。她能得到什麼？三十萬嗎？

我能做什麼？

同舍房學長捐畫作義賣兩萬元。我想到的是，他每天花三、四個小時作畫，一連六十幾天甚至更久，嘔心瀝血完成的傑作，怎麼捨得？是所謂的「布施」嗎？

同舍房的學長與捐髮的小女孩，都沒得到實質的金錢，義賣所得全數捐助貧窮，如此拋磚引玉的行動，不禁令我心想：「我能做什麼？」

以前在「外面」時，接觸的標案動輒數千萬，甚至上億的工程；古董、時裝、珠寶那種錢，與義賣畫作和頭髮的這種錢，同樣是錢，意義與境界的不同，來自於心態上的差異。

沒有接觸過人間疾苦的人，能聽見他人的現身說法，是一種佛家說的「因緣」嗎？當高師兄攙扶八十歲左右的老母親，一起唱出那首熟悉的閩南語歌時，更令我熱淚盈眶。我怕被看見，因為男兒有淚不輕彈……

高師兄的經歷深深敲痛我的心！師兄、師姊們在渾濁的乾坤裏善盡其責，適得其所，並凝聚一股力量，感染著我們，聰明的人必有所悟。

上天給的人生功課

四十歲，第三次入獄，身為「販夫走卒」的我，面對二十一年刑期，再出獄時已是花甲之年；因此我必須活得很認真，時間就是生命，不能讓「時間小偷」偷走真正該做的事。

現況，除了自我調整外，更須感恩，這是上天給我的人生功課，一切都是為了我好。祂讓我失敗，是為了讓我學到謙卑；讓我受騙，是為了增長我的智慧；讓我受傷害，是為了使我更堅強；讓我受委屈，是為了砥礪我的人格；讓我受打擊，是為了提醒我的缺點；讓我失去，是為了教我懂得珍惜；讓我痛苦，是為了讓我覺醒；讓我絆倒，是為了強化我的雙腿……

現實即使殘酷，但上天總是慈悲的，祂總是為了我好，利用監獄困境，讓我學習面對所有的一切。

我的母親曾是慈濟人，也曾帶我從臺北到花蓮靜思精舍聽師父開示，從薪資中扣一百元捐功德款……母親為了我與哥哥而茹素，如今她因子宮頸癌過世了。見到慈濟人會讓我想起母親，來不及說「謝謝」的我，能藉著這篇文章說出心中的感謝與感恩真好，「媽媽我愛您，謝謝您為我付出一切。」

我旁邊的同學提報告「申請」茹素，他的決心令我感動。慈濟人對我們的付出，正慢慢地改變身邊每一個人，而慈濟人所作所為絕不止於我所見所聞。我想對您們說：「謝謝您！我會好好學習正確的心態，認真學習課業，一步一步邁向我的目標。」

不管何時出獄，我希望有一天能做監所的志工，回來向受刑人分享，盡力減低他們再犯的比例，這是我的目標。

以前，我在黑暗的舞臺演出；往後，我的舞臺將灑落著溫暖明亮的燈光，我要證明迷失的人性，可以從地獄裏拯救出來。

天涯夜語覺有情

世間的不幸，絕不會因怯懦逃避而停止！
唯有勇敢面對，虛心檢討，
找回清淨本性，展現良能，
相信自己也能成為「反黑歸白」的菩薩吧？

文／天涯

父親驟逝，舉目無親的我，茫茫然地成了人海中漂泊的朽木！為了逃避現實，我選擇依賴酒精的慰藉。奈何它卻無情地摧毀了我的理智；糊塗的我，就這麼擱淺於山腳下的野墳（監獄）中。多年來我只能仰望石柱縫中的殘缺天際，哀怨地自食惡果。

悲嘆引詩，悔不當初

沒有人能告訴我，究竟要在昏黃孤燈下輾轉反側多少回，才能擺脫這苦情氛圍？又有誰能了解，在那永遠緊皺的眉頭裏，又隱藏著多少後悔！在日落月升、四季交替的過程中，聲聲嘆息，在我的內心深處刻劃出一首苦楚的詩句〈鐵窗淚語〉：

一道高牆歹路行，孤燈鐵窗夜風吟
三更夜來夢驚醒，眼角淚痕猶晶瑩
午夜列車聲漸遠，輾轉反側悔不該
悽惶長夜悲自語，道盡多少往事哀

在這世人心中避之唯恐不及的荒郊野墳裏，常見一群身穿藍天白雲整潔制服、臉上掛滿親切笑容的慈濟志工，他們雙手合十，近九十度的鞠躬，問候大家：「各位菩薩，你們好！」當下，我直覺反應總怪怪的。我們是受刑人，「菩薩」二字實在擔當不起啊！

然而，我仍然非常願意有他們的陪伴。因為證嚴法師的「普天三無」，在師兄、師姊的身上展露無遺。師兄、師姊讓我感受到失去多年的親情溫暖，引領我走入慈濟的大愛世界，分享證嚴法師慈悲心懷的溫馨。

「大學之道，在明明德，在親民，在止於至善。知止而後有定，定而後能靜，靜而後能安，安而後能慮，慮而後能得。物有本末，事有終始，知所先後，則近道矣。」

在證嚴法師的書中，將此段話解釋為佛家修行的「戒、定、慧」，是再恰當不過了。知止，是「戒」；定、安、慮，為「定」，修行能「戒、定」，自然便得「慧」了。

心不難，事就不難

4940不是我的刑號，而是我的日記裏右上角服刑的天數。二〇一三年十二月三日天氣晴，花蓮慈濟師兄、師姊一行人，伴隨著蔡天勝與高肇良師兄來到工廠關懷我們。長得一表人才、文質彬彬的高肇良師兄，若他不說，沒人相信他曾經也是「同學」。

今日，他以「反黑歸白這條路」的經驗現身說法，古人說得好：「知恥近乎勇。」肇良師兄能將他過去曾經犯下的錯誤，攤開在我們的眼前一一敘述檢討，再進一步分享他如何走向菩薩道。一段辛酸血淚的過程，在他口中有條不紊地侃侃而談，讓臺下的我們無不自慚形穢且深受感動！

他的人生之所以能有如此一百八十度的大轉變，不就是因為受到證嚴法師的指引而聞法入心，才能堅定信念「戒」毒，安身而得慧嗎？

行菩薩道必定有其艱困之處，猶如攀爬階梯般，在一階一階向上的過程中，疲憊難免；然而，在散播愛與關懷的同時，不自覺的心胸與視野也隨之開闊了。

天勝、肇良與九如師兄能走出悲情黑暗，綻放人性光輝，我又何嘗不能呢？「心不難，事就不難。」況且，我還擁有那麼多師兄與師姊為我加油打氣哪！

苦海茫茫無邊，
回頭明明是岸，
三障諸惑應斷，
諸佛聲聲呼喚。

找回清淨本性，反黑歸白

十四年的苦牢生涯，《心經》在口中早晚念了近十年，直到兩年前才從證嚴法師著作中得知「菩薩」為何意！證嚴法師倡導的人間菩薩大招生，其菩薩乃梵文「菩提薩埵」的簡稱，是「覺有情」之意，也就是聞法入心，心中有愛，覺悟的眾生，上求佛道，下化眾生……

世間的不幸，絕不會因您我的怯懦逃避而停止，唯有勇敢面對，虛心自我檢討，讓自己有所成長，進而找回與生俱來的清淨本性，展現良能，相信自己也能成為「反黑歸白」的菩薩吧？

這不單是給自己重生的機會，也是給所有關心自己的人最好的禮物哪！

願共勉之！

寶貝，對不起！

寶貝女兒，你可看見爸遲來的醒悟？
可否願意再給迷途知返的老爸，
一個重新再詮釋父親一職的機會，
再聽你開口叫我一聲「爸爸」？

文／曉嵐

一九九一年五月十八日下午，我帶著興奮心情趕往員林，親眼看著一位漂亮女嬰呱呱落地的那一刻，心中的喜悅，讓我手舞足蹈……

親情，喚不回沈淪的父親

沒錯！那個女嬰就是「你」。雖然不善表達的我，讓你感受不到我的愛；

可是，那確實是我最寶貝的掌上明珠、心頭肉！

記得一九九三年時，你兩歲，正是牙牙學語時，爸爸卻因為工作疲勞接觸到安非他命，用以提神，進而販賣，導致遭警方查獲，入獄服刑。

離開你三年，你母親不諒解而和我離異，造成你成長過程中缺少了父母的疼愛。

第一次，祖母帶你來會客，當你看到我時，急忙要讓我抱抱，卻不知你我之間隔著鐵窗。眼看你一頭撞向鐵窗而哭了起來，額頭紅腫，我心整個糾結，好痛，好想抱起你來「秀秀」，無奈隔著鐵窗，也隔著你我父女親情。

三年後我出獄了，你也上了幼稚園。我站在家門口，等著你坐娃娃車回家。眼尖的你看到我，一等車停好就馬上跳下車，一邊跑著，一邊喊著：「爸爸！爸爸！」跑著衝進我懷裏，當時的感動，讓我不禁紅了眼眶。

然而，這一幕父女親情的溫馨，並未牽引我走上正途，我繼續沈迷毒海，與毒友為伍，不能自拔。

一九九八年，你小學一年級，爸爸又入獄三年。不幸的是，這次讓你親眼看著我被警察用手銬帶走，傷害了你幼小心靈。這段日子，祖母常帶你來看我，和我說話，不致讓你我之間疏離、父女感情變淡。

缺席的父親，傷心的女兒

很快三年又過去，我回家時你國小四年級。當晚你在我床上談天，突然你說要講一個故事給我聽，說從前有一個小孩親眼看著爸爸被警察抓走，那個小孩就一直哭一直哭，好傷心……

我心突然顫動了一下，驚覺於你的聰明、貼心、細心，拐著彎告訴我你的感受，同時避免傷害我的自尊，讓我很感動。

當下我覺醒要認真工作，負起照顧你的責任；然而，爸爸當時還年輕，定性不足，又禁不起毒友誘惑，又再次沈淪於毒海之中，未曾察覺多次入獄，已影響到你的心靈與思想，造成你自卑心態。

二〇〇三年，我又入獄，感覺你我父女感情已疏離了，不知不覺中，開始產生裂痕。雖然出獄當天你仍專程南下——從彰化到嘉義，頂著大太陽等著我踏出監獄大門，代表你內心還期盼著，還愛著爸爸，沒放棄過爸爸。

可是，曾幾何時，你已不再開口喊我一聲「爸爸」了！

唉！都怪爸爸沈迷毒海太深，至今猶不知悔改，出入監獄多次，加大你我之間的裂痕，加深你對我的怨懟。

過去我逃避承擔，躲避責任，故意漠視你的存在，不是代表我不愛你。只是我不懂做一個稱職的父親，更因為自己心智不成熟，屢屢走向歧途、犯錯，導致你成長過程中，最重要的父親一職「缺席」。

爸很清楚，橫亙在你我之間的這些障礙，無疑將深遠影響你。還記得你曾寫信問我：當你孤單時，你會想起誰？爸沒有想到，聰明如你，當時是想告訴我，當你孤單時，你能想誰？

可是親愛的寶貝，其實你並不孤單，因為我的愛永伴你身旁。儘管相隔兩地，眼前是高聳的圍牆，強大堅實的界限，我的心，仍永遠為你守候，而你也永在我心中，「寶貝，我愛你！」

錯誤太深，錯過太多

如今，你長大，嫁人為母了。爸最安慰、慶幸的是，你沒有因從小缺少父母的疼愛與照顧而學壞，走入歧途。

看著你帶著外孫、外孫女走進懇親會場，我心中無限感慨，怨恨自己造成如此局面，竟是在這種地方和外孫、外孫女相見。

我知道這是寶貝女兒體貼父親想女兒、外孫、外孫女，而和他們一起來看我。而孫女的一句「外公」，沈重的一句稱呼，竟如黑暗中露出的一道曙光，霎時令我頓悟、覺醒。

憶起過往種種，我到底在做什麼？有一個這麼可愛、貼心和愛我的女兒，我卻不知覺醒，在毒海沈淪這麼久，虛度了這麼多光陰；而今見到外孫，才發覺我錯過的太多了。

寶貝，你的點滴貼心及對我的愛，我都感受得到，也點滴深植在我內心深處。好久沒聽你叫我一聲「爸」的失落，讓我在思想上開始轉變；也才真正明白，走錯了人生的道路，無論再怎麼重情重義，得到的永遠只是來自內心深處的感嘆、無奈和悲哀！

我浪費了多少時間，蹧蹋了多少生命，連最基本的孝順父母，照顧家庭、子女的責任，我都沒有做到多少？失去與家人團聚，失去孝順父母、陪伴寶貝女兒成長的時光，總是爸爸一生中最大的遺憾。錯了，錯了，我真的錯了！

等待，叫我一聲「爸爸」

回憶過往點點滴滴，爸爸深刻體悟到白髮父母的諄諄叮嚀，是不捨不棄的親情；寶貝女兒、外孫的聲聲呼喚，是血脈的盼望和期待，這些我慶幸還擁有著。

我沒有理由、藉口怨天尤人。過去的我放棄人生，蹉跎了大半輩子的歲月，現在的我已能坦然面對。身繫囹圄的不幸，不是我放棄人生的理由，貪、瞋、癡的迷惘，已在我省思的頓悟中消逝了。

靜思語中的一句「生命在呼吸間」，有如當頭棒喝，徹底打醒我，讓我茅塞頓開。生命既是如此短暫，來去這麼無常，我們應該好好愛惜它、運用它、拓寬它，讓這無常、寶貴的生命，散發善美的光芒，照亮出生命真正的價值。

一句「對不起」，是爸爸最想親口對你說的話。或許不夠，也或許你已對我失去信心；但我會在往後的日子裏身體力行，讓你知道爸爸已經改變，讓你感受我對你濃濃的父愛。

寶貝女兒，你可看見爸遲來的醒悟？可否願意再給迷途知返的老爸，一個重新再詮釋父親一職的機會，再聽你開口叫我一聲「爸爸」？

我不孤單！

文／阿文

那種疼痛虛弱感，讓我感覺彷彿已站在死亡懸崖邊……
然而，這時竟有人來探望我，並捎來滿滿祝福的卡片，
教我內心澎湃，頓時有了短暫的幸福感——
原來我並不孤單！

日落的黃昏，金色的夕陽映入眼簾。回想往昔，在社會那段醉生夢死的生活，對於事物的不關切，對於旁人的不信任，讓我變成一個我行我素、自甘墮落的人，就算在服刑期間，依然故我。日復一日，毫無目標地過一天算一天……

然而，這所有的一切，在我突如其來的一場大病之下，有了重大轉變。

在死亡懸崖邊，看見幸福

某日清晨，我忽然發起高燒，腹瀉不止。無論看了多少醫師，吃了多少藥，結果卻沒有改善，反而更加嚴重。那種疼痛虛弱感，讓我感覺彷彿已站在死亡懸崖邊，隨時都會墜落般。

正當我疼痛無助時，從姊姊口中得知另一件更青天霹靂，使我無法接受的事——父親身體也出了狀況，經醫師檢查後，診斷為咽喉癌第四期。

一連串不斷發生的事，彷彿多米諾骨牌效應般，一個連著一個接踵而至，一時間我真的不知該如何是好。那種絕望湧上心頭，好似面臨世界末日一樣，心中漸漸萌生怨恨。

我怨老天為何將人生所有苦難都降臨在我的身上，怨祂為何無法接納我，怨恨為何沒有任何人對我伸出援手……

深度恨意逐漸占領我心，讓我完全放棄自己——既然世上不容我，那就放縱自己，渾渾噩噩地走向死亡深淵吧！

正當我深覺是個沒人關心、沒人疼愛、沒人對我噓寒問暖的孤獨之人時，病房的門打開了，三位穿著慈濟志工服的人走了進來，面帶著慈祥的笑容。

我認出他們來，因為他們是我的老師。

沒想到，慈濟的師兄、師姊專門來探望我。我的心揪了一下，強忍著淚水，無法用言語形容內心的激動。

在隨意真切的談話中，由師兄、師姊口中得知，是我學生隊的同班同學委請他們來看我，關心我目前的近況及病情，並請師姊轉來他們手寫的滿滿祝福的卡片，教我內心澎湃，頓時有了短暫的幸福感——原來我並不孤單！

處處受關愛，安心養病

那天以後，師兄、師姊每天都會來關心我，並適時開導我找尋人生方向，幫助我生活上諸多不便，也幫助我聯繫家裏——委請高雄慈濟志工前往醫院了解我父親的病情，協助父親接受治療，讓我在毫無後顧之憂下，安心養病，對抗病魔。

慈濟的師兄、師姊對我的關愛，讓我漸漸打開心房，慢慢接納所有人。他們讓我感到世間不再只有黑暗面，在這個現實社會中，還有一群願意用真誠關愛世上每一個角落的人，去幫助每一個需要幫助的人，用心用愛不求回報，讓我了解到慈濟的「大愛精神」。

如今，我的身體已經逐漸痊癒。然而，在那段病痛折磨的日子裏，我每天都無法入眠，心中紛亂，心靈空虛，人生沒有目標，沒有信念，更沒有往前走的原動力。在面臨崩潰邊緣時，突然處處受關愛，讓我心中感觸良多。

同學的關心，以及師兄、師姊不斷地關懷指導我，贈我一串證嚴法師的佛珠後，讓我的心漸漸地靜了下來。

回首前塵，人事全非

回首那段荒唐歲月，是從我小學開始。

我小學三、四年級起就不愛讀書，喜歡跑廟會，參加八家將，並夥同不愛念書的同學，尋找班上家境富裕的同學進行金錢勒索；以現在的說法，就叫「校園霸凌」。

上了國中，跟隨所謂的大哥，我有樣學樣，無意中染上毒品，開始異想天開地在校園裏向同學收取保護費。然而，同班級也有另一幫人收取保護費，利益衝突之下，我們常常大打出手。

因未成年，我被安排進入少年觀護所。我仍不知悔改，國中沒畢業就提早進入社會廝混，過著遊手好閒的日子。染上毒品也就罷了，我卻在十七歲時，開始跟著大哥販毒。

人家說「歹路毋通行」，已成年的我，因為販毒，第一次入監服刑；三年後返家，赫然發現家裏「人事全非」。

我有個大姊，一個弟弟；父親開機車行，兼營六合彩、大家樂組頭，手頭充裕，一切生活不缺；母親是個重男輕女的傳統婦人。印象中，只要我姊說什麼，母親都否決；而我說什麼，母親都依我，連削蘋果給我吃時，還得一瓣花十塊錢拜託我吃下去。

可我一直無視於家人的苦心。出獄返家，踏進家門時，母親的第一句話：「阿文，你回來了喔！」讓我絲毫察覺不出母親已「起痟」（精神異常）了。事後，我得知母親因自責、想念我，因而凡是進來我們機車行的男性，母親都是這麼叫著他們。

我的父親因長年蹲著修理機車，膝關節、髖關節都已受傷，以致機車行生意一落千丈。以前是門庭若市，現在則是門可羅雀。若不是姊姊擔起責任，這個家已不像個家了。

然而，直到此刻，我竟然還沒覺醒！我沒有因為入監服刑而變好，反而放縱自己，變本加厲，愈變愈壞，重操舊業繼續販毒。再度被逮後，稱為累犯，刑期跟著加重，六年的刑期等在我面前。

一度覺醒，卻又墮落

第一次出獄後沒多久，我接到兵單；入伍沒幾天，收到母親病危通知，接續六年刑期，才真正讓我懷想母親，懷想我的家人。我心痛，甚至怨恨自己、討厭自己，為什麼做盡這麼多壞事，讓一個好好的家變成這個樣子！

第二次服刑出獄，我真的變了。以前我因不愛機車行這種「黑手」工作，因而也沒繼承到父親的功夫。沒有一技之長，但為了認真過生活，為了迎接嶄新人生，我努力工作。雖然錢不多，卻首次感受到生活得快樂。

三年裏，我戒了菸，不碰毒品，甚至還陪伴照顧在監獄裏相識的朋友，以自己當時以為成功脫離「歹路」的過程，鼓勵他們要堅持走正路，不要再重蹈覆轍。

那時我回歸正常生活，左鄰右舍也看到我變成「好囝」（閩南語）；人人稱讚下，我也覺得人生自此將走上坦途；對照現在的我又身陷囹圄，看來相當諷刺！

以前的玩伴（兄弟）再度找上我，慫恿我再度染上毒品，且在心智不清的狀況下，邀約我去行搶……再度淪陷的結果，換來的是十九年的漫漫刑期。

我悲，我慟！慟在沒於母親在世時懺悔，總是讓家人傷心難過。荒唐墮落的行為，將自己推向萬劫不復的深淵。

懂得感恩，將回饋社會

回首過往，不管我犯了多大過錯，家人總是對我無怨無悔地付出，不離不棄，無時無刻無不期盼那漂流在大海的孤舟，可以找到停靠的港灣，回到家人的懷抱。然而，我卻自暴自棄，辜負家人期望，依舊我行我素地不斷犯錯，流轉於各監所。

幸得慈濟師兄、師姊的牽扶，讓我的人生看見一道曙光，讓我開始懂得他人的感受，懂得如何替人著想，不教他人傷心落淚。一切的醒悟，要歸功於所有關心我的人。

慈濟的志工菩薩們，我會珍惜這段福緣，好好修心，將來獲得自由之時回饋社會，盡己所能地幫助需要幫助的人，將這分大愛延續下去，讓人間處處有溫暖。

我的母親！

文　義良

「媽，對不起！您在天堂好嗎？」
這一世，我對您是多麼不孝……
唯盼來生，能再度成為您的孩子，善盡人子孝道，
享天倫之樂，並以我為榮！

屈指一算，我的母親離開人世已經七年多了；然而，母親的音容，卻始終縈旋在我腦海深處，每每思及，心底就糾纏著無比痛楚與悔恨。此時，我才深切地體會到「子欲養而親不待」的遺憾！

一場車禍，一次醒悟

自我有印象以來，父親是嚴謹的公務員，母親則是慈祥的家庭主婦。幼年的我，在爸爸的眼裏是個伶俐又貪玩的孩子，求好心切下，管教嚴厲。可是在媽媽心中，我不過是個頑皮的孩子，對我疼愛有加。每當我犯錯時，必然逃不掉爸爸的責罰，而媽媽總是私下開導我，叮嚀我不要再犯。

當我年紀漸長，不知所以的叛逆性格，經常不耐煩父母親的叮囑，導致人生逐步走向深淵，並身陷其中……

猶記得我十八歲那年，不聽從爸爸、媽媽的勸阻，堅持購買高速重型機車；從此，騎著它在馬路上橫行，無視於交通規則與安全，只圖個人瞬間的快感。

所謂「十次車禍九次快」。果不其然，某日我騎著機車風馳電掣，突兀地遇上狀況，來不及煞車，造成車毀人重傷的下場。

當場昏迷的我，被緊急送到醫院急救，朦朧中，唯有聽到的是母親不停地呼喚我的名字……

此後，我恢復意識，將近一年的住院治療後，痊癒出院。

在醫院的日子，媽媽日夜陪伴於病床邊，細心照顧我。每次我因傷處疼痛皺起眉頭時，她既是心疼又是焦急，趕忙找來護士為我處理傷痛。

我有挑食的習慣。在我吃膩醫院供應的伙食，找盡各種理由挑嘴不吃時，媽媽總會到醫院外尋找合我口味的不同食物，三餐不厭其煩地幫我買回來，就怕我餓著了。

當我身體康復，出院返回家中，哥哥、姊姊對我說，媽媽在我住院期間承受許多不為外人道的辛苦，我方才知悉媽媽無怨無悔的付出；自此，深刻感恩母親偉大的愛與光輝。

故態復萌，無期徒刑定讞

回憶昔日求學時，我結交了不思上進的同學，整日只知結伴玩樂，無心讀書而輟學。車禍受傷痊癒後，我感受到媽媽的關愛，因而有段日子不再與舊日同伴往來。

然而，「好了瘡疤，忘了痛！」久而久之，我又故態復萌，瞞著父母偷偷在外與幫派分子廝混。隨之膽子也愈來愈大，且變本加厲，學著與人擁槍自重。

一九九九年初的某日晚上，我身上藏著一把手槍以為防身。當晚我先應邀出席一場酒宴；接著趕赴另一個約會，與他人商談債務上的問題。

就在我離席欲駕車赴約時，剛好有位酒醉的友人，請求搭乘我的順風車回去。途中我先赴約定的地點，並特別吩咐同車的朋友在車上等我，而後獨自下車。

未曾想到，車上原本酒醉沈睡的朋友，默不吭聲地跟在我身後，隨後進一步地衝到我前面，一見屋裏的人，便不發一語地無故亂出手打人。對方人多勢眾，混亂中，我唯恐友人吃虧，倉促間隨手掏出槍來，胡亂地開槍欲震懾眾人，卻看見有人立即倒地不起，我心知已傷到人了。

事發後，我匆匆逃離現場。九個月後，我終究難逃檢警的緝捕到案，旋即羈押在看守所中。法院以殺人罪行三審，地方法院判處死刑，最終最高法院判處我無期徒刑定讞。

母親的傷痛，何時了？

於我犯下殺人案件之前，媽媽就因骨質疏鬆症而不良於行。當我被羈押在地方法院看守所裏等待判決時，有天沒預料到單位主管呼喊我會客。不一會兒，即見我大姊攙扶著媽媽，蹣跚地走入會客室。

驀然見到媽媽的身影，我的心不由地緊緊揪在一起……

隔著一道透明玻璃，我和媽媽彼此無聲地對望著；而後她拿起話筒，我跟著將話筒拿起來，只聽見話筒那端斷斷續續傳來媽媽哽咽的哭泣聲。

媽媽不能自已地啜泣著，對我說：「我可憐的孩子，媽媽以後再也不能看到你了……」話語至此，她已泣不成聲。

眼看媽媽悲戚憔悴的面容，耳聽媽媽的哽咽聲，我頓時宛如肝腸寸斷，心裏糾結的痛切，言語無法形容。

我不曉得如何安慰媽媽，只任淚水如湧泉般地奪眶而出，一再地懇求媽媽，「原諒我！」這是我這輩子最痛心、最難忘懷，更是難以抹滅的一幕。

獲判無期徒刑定讞後，我於二○○四年初入監服刑。

入監以來，我晝夜掛念著媽媽，睡夢裏時時出現媽媽的影子。每逢夢中的媽媽有稍稍異樣時，我即刻驚醒，再也難以入眠，睜著眼直至黎明。為此，我早晚念誦佛經，藉以洗滌自己的心靈，也期盼能為媽媽祈福。

逝者已矣，來者可追

二〇〇七年七月，媽媽病逝的噩耗驟然傳來。身在綠島監獄服刑的我，獲知不幸消息的瞬間，有如青天霹靂般，無法相信，更難以接受。

證實媽媽離世後，我哀慟至極，開始自我消沈，整日心事重重，孤寂地在安靜的角落發愣，默默不語，心裏只緬懷著媽媽。

當時我的主管是林姓的善心人，他唯恐我想不開，不時耐心地開導我；如此過了一段時間，我低落的情緒才逐漸平穩。

雖然迄今已事隔十多年，當年在看守所的情景，以及媽媽在世時的音容，至今仍歷歷在目。

「媽，對不起！您在天堂好嗎？」原本我渴望服完刑後，能孝養您，讓您安享天年；而今卻事與願違，無法如願，使我追悔不已！

這一世，我對您是多麼不孝，沒有盡到兒子應盡的孝行；於今，不孝如我，歷經今生最沈重的打擊，走出傷痛後，已然成長，也已成熟。

今後，若有機會得釋出獄，一定不讓您在天之靈失望與傷心；也唯盼有來生，能再度成為您的孩子，承歡膝下，善盡我為人之子的孝道，讓您歡享天倫之樂，並能以我為榮！

來不及說出的愛

不論在何時何地，
你總是默默資助、給我溫情！
家人的寬容，終於讓我放下心中的疙瘩，
重新面對未來。

文／寬恕

細細品味人生，人常因自己的疏忽，或當下不珍惜，讓深藏心底的話來不及對深愛的人說，造成日後的懊悔。尤其中國男性傳統保守觀念，不擅將愛說出口，「來不及」說出的愛，往往讓情感產生裂痕。

在感情的處理上，或許應該學習西方人的直接，讓重視的人可以在第一時間感受到彼此的愛，不要因一時羞於啟齒，成為永遠來不及訴說的遺憾。

最深愛的二姊

我想對心中最深愛的二姊說：從我長大以來，就常因自己的不懂事而頻繁進出監獄，讓你傷心不已。你並沒有因為我的不懂事，棄我於不顧，反而一再給我機會，期盼終有一日可以看見我這個弟弟回頭。

還記得兩個多月前的那一天，是一個令我難以忘懷的日子，因為我說出了違背本意的話，嚴重刺傷你，也傷害到愛我的家人。

那天，我和家人在客廳討論應入監服刑的事。起因是因為愛，和因這案件被收押在看守所內的我，曾深切地懇求你讓我交保回家；由於交保金額為數不小，你考慮再三。最終禁不住我一再懇求下，你終於答應了，條件是等官司一結束後要自行入監報到。

在自由欲望的驅使之下，我答應了！可我卻在即將報到前夕反悔，辜負了你對我的信任。收押時對你的種種承諾，在我重獲自由，享受自由的可貴後，被拋諸腦後。當時的我猶如邪靈上身，竟反常地說了許多傷害你和家人的話；為了一己私欲，全然不在乎家人感受。現在回想起來，實在讓我萬分羞愧。

然而，最令我難過的卻是看見你當時悄然落淚的神情，泛紅的雙眼帶著淚水和無助。當下的你說，為我交保了一大筆金錢，我卻在即將入監服刑時背棄諾言，選擇逃避。你訴說時，我心裏其實明白，卻鐵了心將你對我的關懷之情，硬曲解成是你捨不得那筆錢，才會硬逼我服刑。

那時的我滔滔不絕地和眾人強辯著，硬要大家認同自己的想法；自己卻關上耳朵，拒絕聽進家人的任何意見，完全以自我觀點為中心。你們企圖伸出援手，卻被我一手撥開，任憑自己掉落罪惡深淵，無法自拔。當時的你說我自私，從來只為自己著想，不曾站在別人的立場想。細細想來何嘗不是，被強烈欲望主宰的我，終究難以抵擋撒旦的力量啊！

重新面對未來

在短暫逃亡之後，我再度被捕入監服刑，面對漫長的刑期，明白該面對的總會到來，我坦然以對；然而，那種愧疚讓我無地自容，不敢想像家人會原諒我，給我再次重新改過的機會，畢竟我曾經帶給家人那麼大的傷害呀！尤其是不論在何時何地，總是默默資助、給我溫情的姊姊呀！

在我收押第三天時，二姊帶著滿滿的關愛之情，前來探視這個令她傷心、不捨的弟弟。當我手中接過姊姊帶來的衣物，頓時感動不已。正當我帶著滿腹的心酸拿起話筒，耳際傳來熟悉的聲音，對我說，「天氣冷了，要多穿件衣服保暖；如果欠缺什麼，記得寫信回家。」一聽完這些話，當下再冷也感受不到冷冽了；家人的寬容，終於讓我放下心中的疙瘩，重新面對未來。

從入監服刑以來，我不斷思考自己的未來，因為曾經傷害深愛的家人，我不容自己再重蹈覆轍；我不斷學習，努力改正積習已久的惡習。可是身處複雜環境，面對著來自五湖四海的各路人馬，未來如何抉擇，在在考驗著我的智慧……

他們是更生人，走過迷失人生，走過荒唐歲月；
曾經妻離子散，曾經眾叛親離……

現在，他們真的改變了！
走出囹圄，越過高牆藩籬，
彷如浴火重生的鳳凰，翻轉人生！
堅決走不一樣的路……

他們以過來人身分，走進監獄，分享人生故事，
鼓勵受刑人，讓正面力量蔓延……

II.

我改變了

我的「奇蹟」人生

老師說的、別人講的，我通通記不住；
做任何事情交代我什麼，馬上說，我立刻忘；
過去我學不來的，現在都會了，
這不就是奇蹟嗎？

口述 高惟碤（宏嘉）

我出生在高雄鳳山一個「流氓世家」，祖父是被打死的，祖母帶著四個孩子改嫁；父親以殺豬為業，沒事就在賭場混，神出鬼沒。我和二哥也不學好，都曾入獄服刑。

從「憨嘉」到「嘉哥」

我小時候的綽號叫「憨嘉」，是個沈默、反應遲鈍的孩子。母親整天忙，不是忙家事，就是外出打工。父親偶爾回家，兩人就吵架、甚至打架。

小學三年級時，我帶哥哥的扁鑽、小刀到學校，也跟著人家吃檳榔、抽菸、打電動。父母不知情，老師很頭痛。讀到小學畢業，我認得的幾個字，還是看人下象棋學來的——「將」我讀作「黑君」，「帥」讀作「紅君」。

讀書沒半撇，我也很痛苦；上了國中，就去參加八家將。有一次被人欺負，二哥知道了，狠揍對方一頓。對方父母帶了「兄弟」找上門，母親苦苦求饒，才化解了一場糾紛。

書，讀不下去了，國二時，轉讀汽車修護班，學一技之長。這時偷竊、勒索樣樣都來。

好不容易國中混畢業了，我曾和八家將的弟兄到處鬼混，到溜冰場、卡拉OK店、茶室……讓我大開眼界。

因為我看起來傻愣愣的，別人叫我做什麼，我就做什麼，所以「老大」們爭著要「帶」我。先是跟著收保護費，拒付保護費的，我就不要命地向前衝，打打殺殺毫不眨眼。

一年後，我的「段數」「升級」了——從石頭、磚塊到刀械、槍炮；綽號也從「憨嘉」到「嘉哥」、「殺手嘉」。身邊的「朋友」，也從小混混升級到通緝犯。

十七歲時，我已全身刺青、滿嘴檳榔，坐著賓士車替地下錢莊討債，流連舞廳、賭場。

一九八七、八八年間，在管訓出來的朋友慫恿下，我離開跟隨多年的「大哥」，自行「創業」——買賣槍枝。

槍炮的利潤很高，可惜朋友嗜賭，六合彩一簽就是幾百萬，贏了還是賭光光，輸了就要「想辦法」。有一次，朋友簽輸了，要我和他去找目標「開金庫」（搶劫）。

沒想到這一「搶」，讓我因「盜匪」罪入獄。那一年，我剛滿二十歲。關在燕巢看守所，除了手拷，還有三斤重的腳鐐。過去好勇鬥狠，在這裏全耍不開。

獄中讀經識字

一坪大的牢房住三個人，其中一個是剛移到成人看守所的十八歲年輕人，天天誦佛經，我覺得很好聽；不久，又進來一個死刑犯，也在讀女朋友寄來的《普門品》。

我也想學誦經，可惜不認得字。牢友耐心教我查字典認字，慢慢的，我學會了《心經》和《普門品》，雖然不了解經義，但早晚讀誦，確實讓心靈平靜許多。

在看守所蹲了半年後，我被判「持槍搶劫」，刑期九年，移送臺南監獄服刑。

這時，我想起家人，感到很悲哀——父親中風、母親到處打零工、二哥進出監獄。而自己呢？少年懵懂，徒然浪費生命……

在臺南監獄四年多，我獨來獨往，安安靜靜的，除了讀書認字，早晚誦讀《普門品》和《心經》，沒有一日間斷；雖然不解經義，卻讓我焦躁不安的心漸漸穩定下來。

同房牢友阿堂犯下殺人罪，每個月都捐一百元給慈濟。我曾經讀過一本《慈濟月刊》，知道慈濟是做什麼，也想參加。監獄的股長知道了，就拿了一疊劃撥單，教我怎麼填寫。

這是一九九二年，我第一次和慈濟結緣。

善款匯出去，不久就收到慈濟寄來的收據和刊物。我讀到慈濟正在做大陸賑災，玉蘭花有情，大量開花，供志工義賣；還有小女孩上臺義賣長頭髮……我愈看愈慚愧，人家這麼小就懂得做善事；我呢？老給社會惹麻煩！

我寫信請哥哥、姊姊響應慈濟大陸賑災，也請母親把我存放的四萬元寄到慈濟。這時我也向牢友一一介紹慈濟，建議他們從工廠勞作金中，每月撥一百元捐給慈濟。沒想到一下子就招收了九十多個會員。

我開始茹素，每天念經、拜佛、靜坐，還教大家做善事，牢友都戲稱我「師父」。這觸動我想到——出獄以後，要趕快去找「師父」，跟隨「師父」的腳步，走正確的人生道路。

絕不走回頭路

服刑四年多，一九九四年底，二十五歲的我假釋出獄了。

回到高雄的家，已快過年，向母親表示想去花蓮慈濟。母親高興地說：「去去去，讓你二哥開車陪你去。」

除夕，我和二哥開著小貨車北上，繞道宜蘭住了一宿；年初一，走蘇花公路到花蓮，很快就找到靜思精舍。

寧靜的精舍洋溢著一片新春的喜悅。剛好證嚴法師從醫院發福慧紅包回來，我第一次看到法師，竟不由自主地熱淚盈眶。

當志工們在觀音殿分享時，我站得遠遠的，全神貫注、仔細聆聽。一位師姊注意到我，我說：「我從臺南監獄出來，想參加慈濟。」她就帶我去會見法師。

「我以前做過很多壞事，我想出家修行；但是父親中風，母親身體也不好……」我在證嚴法師面前懺悔。

法師對我說：「出家只是一個形象，你要善盡為人子的責任，回去好好照顧父母。去找當地的慈濟人，多參與慈濟活動。」

看著法師送的佛珠和心蓮吊飾，我默默發下心願：「有一天，我要搬來花蓮，親近證嚴法師，當慈濟永遠的志工！」

帶著法師的祝福，回高雄後，由慈濟委員張金沛和羅千枝帶著我從環保回收做起。我於一九九七年受證為慈誠。

我也跟著大哥、二哥學做水電，一邊做水電，一邊開計程車，靠勞力打拚。我告訴自己——絕不能再走回頭路！

努力打拚，償還債務

生活逐漸穩定後，租了比較寬敞的房子，把父親從大哥家接來同住，善盡人子的孝道。

一九九八年，我在楠梓開了一家素食餐廳，生意很好，為了結善緣，學生打折、殘障用餐算半價……

我請了六名員工，邀她們加入慈濟會員，還鼓勵她們參加慈濟活動。九二一大地震發生後，我宣布餐廳休息幾天，和慈濟志工到中部災區幫忙。

回來以後，我將餐廳兩、三個月的收入全數捐作慈濟九二一賑災基金。至於員工的薪水，我借錢、標會，甚至把車子拿去典當籌措。

一年之後，債務愈來愈多，撐不下去了，只好把店結束。

妻子楊慮定（原名楊靜娟）婚前是我餐廳的員工，曾在裝潢公司當會計，她對地磚、壁紙、窗簾的材料、估價、施作都很熟。於是租了店面，和她合作開設水電及室內裝潢，生意不錯，陸續償還了債務。

父親二度中風後，形同植物人，我每天工作十幾個小時，還要幫父親洗澡、按摩復健、處理大小便。比我年長五歲的靜娟，每天都來家裏幫忙，讓我安心不少。

後來她的父親住院，我也幫忙照顧；漸漸的，她覺得我是一個可以託付終身的人。

「我知道惟碤（原名高宏嘉）曾經年少輕狂，打打殺殺、坐過牢，但都過去了。現在的他，孝順、行善、打拚，打著燈籠都找不到。」二〇〇一年十月，父親過世，靜娟鼓起勇氣表示要「披麻帶孝」，我跟她說：「你要跟我做慈濟，我才娶你。」

移民花蓮

出獄後，我幾乎每年都到花蓮過年；開著車去，除夕就睡在車上，大年初一進精舍拜年。結婚以後回花蓮，我告訴妻子：「今天我們去住『汽車旅館』。」

妻子以為要大大破費了。其實，我早就準備了草席和棉被，晚上兩人就睡在貨車上。看到我的節儉，她常笑說：「認識你以後，我就不搽口紅、不化妝、不買新衣、不燙頭髮。這麼多年，這些錢都省了。」

「靜娟，我們搬去花蓮住。」婚後，我不斷提起「移民」花蓮的事。妻子說：「現在生意做得穩穩，花蓮人生地不熟，要從頭做起，太冒險。」

我說，我們有一把功夫在，加上「誠正信實」，有什麼好怕的。

於是，二○○二年底，我們結束了高雄的生意，帶了四千元和一些衣物，開著小貨車，就這樣「搬家」到花蓮。

兩人以車為家，同時兼作行動水電行，印了名片，挨家挨戶去發，告訴大家：「只換一根燈管也可以服務。」

我們夜以繼日打拚，生意多到做不完。雖然每天工作十六小時以上，我仍然每天清晨三點多起床，到精舍做早課，然後把回收物載到環保站做分類。

早餐吃稀飯小菜，絕不超過二十五元；中餐吃自助餐或泡個麵充飢；晚上有時忙到十一、二點，沒東西吃，就啃超市冷麵包。

我們夫妻拚命工作、吃得少、睡得少，每天堅持做早課、載環保回收物。雖然水電裝潢做不完，但只要慈濟有重要活動，我們就自動「休假」參與。

後來找到房子，就接媽媽來花蓮，讓媽媽全心當志工，不必再去打工了。看到媽媽騎著摩托車到處撿紙箱、鐵鋁罐，有時到環保站做分類，日子過得很充實，讓我感到很高興。

隔年五月，貸款買了一棟透天房屋；不久，又租了店面，經營水電、衛浴、室內裝潢；年底，又全額貸款買下一個店面當工廠。

「想不到啊！過去最壞的兒子，現在變最乖；過去最笨的兒子，現在變最巧；過去最無路用的兒子，現在變最有成就。」母親說起我這個「變」最多的兒子，臉上漾起幸福的笑容。

妻子摔傷，人生無常

人生無常。二〇〇四年三月底，我外出工作，妻子和幾個工人在自家加蓋三樓屋頂。她踩在三樓的鋼梁上，一邊後退一邊用力將浪板拉開，一不小心踩了個空，整個人摔到隔壁二樓陽臺。

因為後腦著地，導致顱內出血、腦主幹斷裂、胸腔內膜出血、腰椎四節裂傷……緊急開刀後，醫師宣布，活著的機會只有三成。

妻子意外摔傷，命在旦夕，我幾乎崩潰。但是一大早，我依然進精舍做早課，心中默求證嚴法師救命。那段時間，我守在醫院也沒閒著，穿上背心當醫療志工。母親依然天天做環保，而且做雙份——另一份是為住院的媳婦做的。

所幸昏迷十五天後，妻子甦醒過來；住院兩個半月，終於可以出院了；出院之後，繼續復健八個月，慢慢學著走路。

方才慶幸妻子死裏逃生，接著母親進醫院接受脊椎手術，我也摔傷膝蓋……一家三口，同時掛病號。

這段時間，不但生意停頓，還損失一、兩百萬；年底我忍痛將住家賣掉，搬到店裏住，決心東山再起。

儘管考驗一波接一波，我深信只要留得青山在，不怕沒柴燒。

十幾年過去了！從妻子身上，我真正體會人生無常和脆弱，更體會到「此身不向今生度，更待何生度此身。」

監獄現身說法

其實，出獄後，我遭遇很多挫折，每天辛苦工作，「怎麼做，怎麼賠，但為什麼有人就是那麼平順？」

我不怨誰，了解這一切都是「如是因、如是緣、如是果報」。別人有結好緣，我沒有啊！

為此，我堅持每天清晨到精舍做早課，將證嚴法師的話句句聽進心裏，且要即知即行。警惕自己「慎勿放逸」，降伏自己的習氣，以「心寬念純」面對我的人生，行菩薩道。

「什麼是挫折？其實是過程！」都是自己要走過的，沒有什麼走不過去，千萬不要一錯再錯。人生沒有事事如意，「心」想如意才會如意，「心」若不如意，樣樣嫌……愈是跌倒、失敗，愈是堅定我的心，還要感恩！

做慈濟，讓我有更多機會做利益眾生之事。常常一通電話，我就以「更生人」的身分，奔走全臺各監獄、看守所，包括金門、澎湖——分享我如何變壞？如何遇到慈濟？看到《慈濟月刊》又如何轉變我的人生？希望藉由我的故事，鼓勵受刑人找到對的人生方向，千萬不要再走回頭路！

二〇一四年農曆年後，花蓮慈濟志工受邀至花蓮監獄「正德進修學校」國、高中部，進行一週兩次的生命教育課程。

我把握機會，將每天聽聞——《人間菩提》、《靜思語》，《證嚴法師說故事》的智慧法語，慈濟人慈濟事，還有自己的生命故事等等，拿來跟花監「同學們」分享和鼓勵。我常說：「心念轉，監獄裏好修行，不要等出獄後才想要做好事！」

「我絕對不會再走回頭路，因為怕！」受刑人心底真正的怕，是無奈！有哪一個敢說他不怕的？但是，他們又是真正的怕嗎？他們又真正不怕哩！「為什麼不怕？因為他們一直迷失在名利當中，醒悟不起來。」我以一個「過來人」的身分，是陪伴，也是學習。

經過多次和「同學們」相處，他們常在回舍房後討論：「到底高師兄是怎樣做到的？如何克服現實生活問題？」我不必說一大堆大道理，老實說我所做，只要鼓勵，讓他們有歡喜心、有信心。

我很高興我的人生故事，可以在他們心裏起了小小「漣漪」，希望這「漣漪」可以變成一股「清流」，影響他們步上向善之路。

二〇一四年七月底高雄氣爆，花蓮受刑人紛紛捐「郵票」（志工將郵票變等值現金），也有人畫觀音佛像義賣；二〇一五年四月二十五日尼泊爾大地震，「同學們」一樣捐郵票、義賣佛像，第十木工廠的受刑人則捐出二十隻木馬義賣；同年六月八仙塵爆，受刑人一樣寫祝福卡片為傷者祈福、醫護加油。慈濟志工將他們的愛心傳出去，給他們莫大的鼓舞，並啟發他們了解生命的價值與希望。

自從到花蓮監獄分享「生命教育」之後，「同學們」若起爭執衝突時，就會想起《靜思語》中——「生氣是短暫的發瘋」，而忍下這一口氣；在學生隊，願意承擔服務別人的「志願志工」，看到這些人的改變，我覺得能盡一分力幫助他們，是一件很有意義的事。

不可思議的「奇蹟」

每次去監獄分享，看到全身「刺龍刺鳳」的受刑人，彷彿看到過去作惡多端的自己。很感恩入獄，讓我的無知踩煞車，否則我不知又會造出多大惡業；因為入獄，讓我認識佛法、認識慈濟，改變了我一生。

有人問我，為什麼不再和以前的「兄弟」在一起？我說：「近朱者赤、近墨者黑。」因為我已經想要向善了，「防非止惡當中，自然有善的路可走。」發心立願，就能堅持，加上信心、毅力、勇氣，降伏自己轉念。

很感恩證嚴法師將我這個「破銅爛鐵」回收，不然我可能陷入萬劫不復的深淵中無法救拔。

我的一生很坎坷，但很有福報，都遇到好福緣；做慈濟後，有很多不可思議的「奇蹟」，例如：

從小我憨憨呆呆的，記不住東西，口才也不好。以前做壞事拿槍械，天不怕地不怕、不緊張不嫌重；現在當志工做好事，拿一支麥克風說話卻緊張到心臟砰砰跳……

老師說、別人講的，我通通記不住。做任何事情交代我什麼，馬上說，我立刻忘；但是拜經、聽證嚴法師開示，我的腦袋卻記得清清楚楚。所以我去監獄分享證嚴法師法語，輕鬆自如，不用電腦做簡報，也不用寫小抄備忘。

有一天，看到一位醫院志工繪證嚴法師開示圖，起歡喜心的我，晚上回家半夜停電，絲毫沒有阻撓我畫證嚴法師法相的念頭，拿著手電筒，一個晚上就畫出來了。

過去我學不來的，現在都會了，這不就是奇蹟嗎？或許是日日精進聽聞佛法、行菩薩道，讓我增長了「智慧」，沒那麼多「惑」心。

每天三點多醒來，去精舍「晨鐘起，薰法香」，做早課、聽證嚴法師講經說法，是我最大助力，是我人生最大改變。

常常很累很想睡，有時前一晚沒睡、生重病、腳不能走……我仍克服困難，堅持不斷去拜經聞法。因為我知道，那是一條清楚指引我走向正確人生

破浪而出

出獄後的回籠率約八成；
愛與包容，堅定了我從善的心，
希望自己也能給「每一個當初的我」
有重新被接納的機會。

口述
蔡天勝

十六年前，我因為販毒入獄，獄中的日子就是看書和練習寫字。一開始抄寫《心經》，但看不懂《心經》的意思，隨手拿起較淺白的《靜思語》抄寫，沒想到邊寫邊想，愈寫感受愈多。

不久，母親坐著輪椅來探監。她才剛接受第四次脊椎手術，看著她從輪椅站起來，扶著四腳助行器走向我，一不小心摔倒了，父親使盡力氣也沒辦法扶她起來。近在咫尺，眼睜睜看著兩個老人家在地上掙扎，我瞬間崩潰……

在管理員的協助下，母親起身坐穩。拿起對講機，我哭著說：「身體不好，怎麼還來？」母親說：「我來看我的心肝仔囝。」那一刻，我恨不得「早早就死掉」，免得如此折磨父母，整個人卻也因此清醒了。

模仿了凡先生，決心改變命運

小時候，我還算聰明，成績不錯，當過班長，也領過市長獎。上國中後，誤交損友，開始蹺課、遊蕩、抽菸；高中時，打架、偷竊、參加幫派。退伍之後，做起大家樂組頭、吸毒，甚至鋌而走險販毒，才鋃鐺入獄。

收押在臺中看守所，一審被判無期徒刑。我覺得這輩子「完了」，卻還是慓悍、憤怒，絲毫不懂得檢討自己。直到那次父母來探監，才徹底瓦解了我冥頑不靈的心，看見自己原來是這麼不孝。

晚上睡不著，我找書看，看到一本《了凡四訓》。了凡先生天天懺悔、止惡行善，花了三年時間改變命運，我也決心要改變自己的命運。

模仿了凡先生，設計了一張功過格，記錄自己的善行或惡念，好的用紅筆記，不好的用藍筆記。我努力幫助老弱殘障的獄友，替他們提熱水、洗內衣褲，但無明的習氣還是一下子改不過來，剛開始藍的多，紅的少；慢慢地紅的增多、藍的減少。短短不到兩個月，我知道我的命運會改變。

我開始茹素，天天虔誠念佛、拜佛、懺悔，找善書來讀、抄大悲咒。獄友看我那麼用功，覺得我是「異類」，揶揄叫我「師兄」，我不以為意，盡力在獄中行善、充實自己。

第一次看到《慈濟月刊》，我一讀再讀，非常感動，心想如果有機會出獄，一定要去慈濟當志工。我寫了一封信向證嚴法師表達心願，同時請父親到慈濟臺中分會，請購法師的著作寄到獄中給我。

被判無期徒刑，上訴到最高法院時，獄友都勸我否認到底，我卻自有定見。出庭時，我一五一十將所有罪行交代清楚，並且發露懺悔。法官見我誠懇認錯，意外地從「無期徒刑」改判八年徒刑。

卸下大腳鐐，我再一次寫信給證嚴法師，發願要當慈濟人，將來往生後要捐贈大體。靜思精舍常住師父時常寄來書籍、錄音帶，陪伴我度過在監獄中充滿希望的每一天。

浪子回頭，真英雄

八年牢獄，服刑六年後假釋出獄，我已經四十五歲了。

出獄一個月，我應徵到麵包師傅的工作，做麵包是在監獄裏學的。為了參加慈濟，我騎著摩托車到臺中分會，繞了兩圈，自慚形穢，就是不敢進去。後來，鼓起勇氣走進去，又不敢說要捐錢，請了本《靜思語》就匆匆走了。

我改以打電話表示：「我想捐錢……」慈濟委員楊秋霞來家裏拜訪，我羞愧地說出自己是個「更生人」。想不到楊秋霞哈哈大笑說：「我過去開酒店！慈濟大門是敞開的，只問當下，不問過去。」從此，楊秋霞就帶著我在慈濟做志工。

經過師兄、師姊的安排，我跟其他三位更生人有緣見到證嚴法師，法師看著我說：「浪子回頭。」接著又說：「懸崖勒馬才是真英雄。」我當場淚流不止。

善念的啟發只是開個頭，大錯容易改，小習氣卻不斷——心直口快、個性急躁、衝動、莽撞……能夠恆持走在正確道路上，是慈濟法親無怨無悔地教我、愛我，用慈濟四神湯「知足、感恩、善解、包容」來澆灌我。

經過見習、培訓，我終於受證成為慈誠隊員；只要有志工勤務，我都儘量去做。我是更生人，舉凡酗酒、吸毒或出獄的個案，師兄、師姊都會要我去輔導，也因此有機會認識很多「同學」。

一位在醫院擔任看護的師姊，請我去關心「吸毒後跳樓受傷」的年輕人。這位年輕人才三十幾歲，卻已經吸毒十七年，母親為他花費近千萬；他兩次跳樓，都幸運僅受輕傷，這是第三次，腿斷了，脊椎也受傷。

我用心規勸他，然而意志不堅的他再次失足。我不氣餒，天天到他家陪他，也請其他師兄助緣。幾番「拉扯」，他發誓一定要戒毒成功，和母親一起進入慈濟當志工。

慈悲也要有智慧

我的故事經過報導，許多吸毒者或主動、或被動來找我「輔導」。對於這些求助者，我都以過來人的心情想「拉他們一把」；然而，經過兩、三年後，我體會到「慈悲要加智慧」，不能只是一頭熱。想戒毒、想改過，都必須自己有覺悟。自己有決心和毅力，加上旁人的助緣，才能成功；否則別人再怎麼苦口婆心和拉拔都沒用。

九年前，我和朋友合夥在臺中開了一家素食餐廳，一方面推廣素食，一方面提供就業機會——店裏的員工都是「同學」。

在那麼多「同學」中，林朝清是我真正的「同學」，我們是在獄中認識，他先出獄後又回籠，等我出獄加入慈濟後，他在第三次出獄時來找我。我跟他說，證嚴法師勉勵我們要「浪子回頭」、「懸崖勒馬才是真英雄」，我們一定要有志氣，不要再被毒品綁架。

林朝清的媽媽陪著他一起在素食餐廳幫忙，餐廳的生意非常好，「同學」們都能吃苦耐勞，酷暑在火熱的廚房揮汗烹煮，嚴冬在冰冷的水裏洗菜、洗碗盤。休假的時間，我會帶著他們去做環保。

這期間，我接觸過近百位吸毒者，過程中也會有壓力，也會有挫折感。但一想到證嚴法師的壓力，勝過我十倍、百倍，我就又朝著目標繼續前進，並鼓舞自己——再加把勁！

曾經最令我痛心的，莫過於阿隆了。他多次進出監獄，家人幾乎都放棄他了；後來我帶他去做環保，鼓勵他一定要痛改前非。誰知道意志力不堅的他再次染毒被逮，媒體斗大的標題寫著：「慈濟志工吸毒又破功」。我無語問蒼天——他只是剛來慈濟做環保，怎能稱為慈濟人呢？

帶人帶成這樣，我覺得愧對師父、愧對慈濟。對於阿隆，我是要放棄？還是繼續努力？最後，「不捨眾生」四個字戰勝了，我跟他「攤牌」說：「再給你最後一次機會，你要不要？」

阿隆終於醒悟了，痛下決心改掉惡習、嚴持戒律；他參與見習、培訓，發誓做一個守十戒的慈濟人。證嚴法師曾疼惜地對我說：「這個區塊不是一般人能做的。」雖然經常身心俱疲，但每每歲末祝福時，看到有「同學」痛改前非，受證為「慈誠」時，坐在臺下的我，都會喜極而泣。

現身說法，宣導反毒

二〇一一年大愛電視臺製播了我的故事，五集的長情劇展《破浪而出》，後來剪成九十分鐘的版本，送給法務部和教育部各三千六百份，我也接受邀請到各監獄和學校現身說法，宣導反毒。

這段期間，我跟著陳乃裕師兄跑遍臺灣各監獄，以及大、小學校。感恩慈濟的家人，無論我到哪裏，都有當地的志工殷勤接待我，讓我備感溫暖。

而我的餐廳就靠「同學」經營，有人學成「出師」，可以獨當一面，我也鼓勵他去創業開分店。

幾位長年關懷受刑人和更生人的慈濟志工，知道我到各地現身說法，疲於奔命，蠟燭兩頭燒，以致經濟及健康都出現警訊。為了讓我的菩薩道路走得長久，協助我開創了第二份事業「菓子工坊」。

我記得小時候，從事糖果餅乾製造業的父親，在家裏辛苦地用純手工去做「好的東西」，那香甜的味道，令人感覺好幸福！我謹遵父親的遺訓，嚴選食材，沒有不良添加物，希望生產的健康餅乾、點心，讓人人吃得安心、快樂。

現在我還是到各地現身說法，監獄、學校、軍中……在家的時間，和弟弟一起照顧年邁且身體不好的母親。不管在哪裏，我天天誦經，念佛、拜佛，發願、懺悔；我告訴自己，一定要嚴守戒律，不能再出一點點差錯。

二〇一四年六月三日，我和林朝清到臺北接受「全國反毒有功人員」表揚，當副總統吳敦義先生將獎盃交到我手上時，真是百感交集——一個曾經吸毒、販毒，被判無期徒刑的「毒蟲」，現在居然成了「反毒有功人員」。想想如此大的反差，令我無比羞愧，更有深深的感恩。

羞愧的是，沈淪「毒海」的荒唐歲月，危害社會，傷透父母的心；感恩的是，慈濟不咎既往，用愛與包容，接納我、教育我，才有今天的我。我乘著到花蓮宣導反毒的機會，將獎盃呈給證嚴法師，他欣慰地笑了，慈祥地說：「恭喜你！」

當慈濟志工至今剛好十年，希望自己也能像當初別人給我溫暖一樣，給「每一個當初的我」有重新被接受的機會，真的做錯了，就是懺悔。只要能夠痛定思痛，慈濟人永遠都會張開雙手，懷抱每一個迷途知返的人。

（撰文／陳美羿）

螢火蟲之歌

我常把自己比喻成一隻小小的螢火蟲，
要用短暫有限的生命，
擠出身上一點點的光，
為更生人提燈照路、至死方休。

口述　楊九如

我曾是親友眼中避之唯恐不及的「惡人」，從小在暴力家庭中成長，有次還差點被當乩童的爸爸拿刀砍死。

年輕時，我不愛讀書，為求致富跑去酒店當少爺，結交了各路習氣不良的朋友；年輕氣盛，脾氣暴躁又愛玩，恐嚇、勒索、吸毒樣樣來……

二十九歲那年，我鋃鐺入獄，妻小也離我遠去。

對照入獄前虛華糜爛的生活，獄中生活不僅毫無尊嚴且受盡約束，讓我彷彿從天堂墜入地獄，完全無法接受。於是，我發下大願：「只要我有機會離開這裏，無論做什麼，絕對都不要再踏進來！」

昨日已逝，扭轉人生

出獄後，為了遠離昔日惡友，我堅持不再走回頭路，在叔叔的建議下開始擺攤、賣豆花維生。相較於先前日入數萬元，首日賣豆花扣除成本後只賺了五百元，真的讓我欲哭無淚；然而，每一分錢我都賺得無比踏實又心安。

儘管出獄後經營豆花店，生活逐漸步上正軌，舊習卻難改！與現任妻子黃玉薰再婚後，閒暇時我還是經常邀約朋友喝酒打牌，讓她失望不已。

為了讓我徹底改變，二〇〇八年玉薰連拐帶騙地把我帶到高雄靜思堂，參加慈濟歲末祝福。

當時站在大門口接待師兄一句親切問候：「歡迎回家！」觸動我的心；接著又看見孱弱的證嚴法師心心念念都為了利益眾生，我卻滿腦子只想著自己的口袋，實在慚愧不已。

連父親往生時都未流過一滴淚的我，此時竟感動得淚流不止，彷彿找到心靈的依止，便發願要走慈濟路，當證嚴法師的好弟子。

感恩證嚴法師不嫌棄我的過去，把我回收回來，從此扭轉了我的人生。當慈濟志工初期，因在環保領域的學習與承擔，我經常受邀至大專院校及警察機關環保講習。雖然我只有高職學歷，卻能到大學演講；以前常常要跑給警察追，現在卻能讓警察乖乖地坐在臺下聽我講課，人生因緣真的很奇妙啊！

做慈濟後的我，才算徹底改變，也終於讓母親放下了壓在心中多年的石頭；現在母親常很驕傲地跟人說，這個兒子終於可以光宗耀祖。

真誠付出，陪伴更生人

二〇〇九年、我家師姊黃玉薰在花蓮慈濟醫院當志工的經驗，開啟了我們輔導更生人的功課。當時她行經病房走廊，被一陣鐵銬聲吸引，便好奇循聲找人……一位二十多歲的少年躺在病床，雙手被上手銬，玉薰第一眼看到他就覺得投緣，才聊一下，隔天再見面，他就叫玉薰「阿母」。

少年的名字是阿緯，服刑期間因病入院。住院時，雖然與玉薰只有幾面之緣，卻覺得很親，於是主動對她談起童年受暴的往事，冥冥中不可思議的因緣，似乎指引著我們陪伴更生人這門功課。

二〇〇九年受證慈濟委員後，因緣際會下，我們接獲不少關懷更生人的機會，至今陪伴已超過數十位更生人。

大多數人習慣將更生人貼上標籤，或敬而遠之；我是過來人，他們的心態與處境我完全能理解，因而積極與他們互動。我把握一個準則：不能帶著防備心，要真誠付出。

更生人很敏感，與他們相處，若懷有防衛心態，就無法建立互信。他們會觀察我怎麼帶他，再決定要不要聽從我的話，真誠付出不能是口號，還要用心投注無法計算的時間與金錢。

曾有位更生人為了找工作，報考大貨車駕訓，我也陪著報名、上課，最後兩人一起考取駕照；有的更生人遲遲找不到工作，我擔心他們受到打擊，便陪他們到環保站做志工和參加讀書會，協助他們轉移注意力和安住內心。

有些更生人和家人關係不佳，我連家人也個別關懷；擔心自己平時形象太過威嚴，偶爾還得帶他們出遊、看電影，或相約吃飯搏感情。我的角色如兄似父、亦師亦友，儘可能帶給這些更生人毫無保留的愛與溫暖。

夫妻同心，捨我其誰

若深入每位更生人的過去，就會發現每個人都不好過。只要他們願意敞開心懷，我都會傾聽他們的故事，鼓勵他們為自己爭氣。不過，結果通常兩極化，有決心的就會更好；不相信自己的，則會繼續跟著習氣走。

多年來，我也看過不少憾事！有的更生人倚仗信任，偷走豆花店裏的錢；有的更生人習氣未除再度入獄；也有人出獄不久便車禍往生，或吸毒後飲酒過量暴斃……

陪伴過程中，有不少辛酸不足為外人道，我哭過，也曾覺得疲憊、沮喪；然而，我還是告訴自己要振作，還要不停地撒網，因為能帶回一個迷路的孩子，就是一個善的力量。有時我也會到全臺各地向其他師兄們請益。

我家師姊黃玉薰性情溫和善感，關懷更生人雖然都由我打前鋒，她也不會置身事外，而是在一旁扮演聆聽和鼓勵的角色。為了能讓我無後顧之憂，她在背後全力支持我，她告訴我儘管去陪伴他們，她可以做後盾。

六、七年來，我們夫妻內外分工、默契得當，事業和志業因此細水長流。她不僅是賢內助，還是善知識。起初，陪伴更生人的任務讓我多有躊躇，了解更生人重返正常生活的過程不太容易；然而，玉薰的一句話：「這件事我們不做，還有誰要做？」讓我堅定地扛起使命。

吸毒後遺症

年輕時曾吸毒的我，雖然早已戒毒，十幾年來毒品的後遺症卻在我身上揮之不去，飽受不明頭痛所苦，就是後遺症之一；也因此心情浮躁、注意力渙散，吃止痛藥的幫助有限，即使定期求診中醫，在兩隻耳朵貼上一排耳針，功效也在三天左右漸漸消失。

膀胱萎縮，則是另一個後遺症。大家耳熟能詳的反毒廣告詞「拉K一時、尿布一世」，是千真萬確的事；因膀胱萎縮引起的頻尿，真的造成我生活上種種不便。

毒品真的碰不得，我戒毒那麼久了，有時候內心還會有「癮」跑出來！大概是被內心幽微的「癮」操控的經驗太過深刻，我戒掉一切會成癮的菸、酒等習慣，並開始素食，試圖將欲望降至最低。

唯獨「做慈濟」，上癮了也沒關係。

毒品的後遺症常讓我力不從心，但我始終以精神支持體力，把每一位陪伴的更生人都當成自己的家人。除了儘可能給他們生活上的一切照顧外，並同時關懷他們的家人，讓家人相信他們會改變，並重新接納他們，因為我深知「救一個人，等於是救了一個家庭」。

在幫助這些更生人安頓好生活及工作，使經濟來源無虞後，有機會我也會帶著他們深入各級學校及社區參與反毒宣導工作，或去各級監獄分享及關懷，足跡遍及全臺。我們多次天未亮，就開了幾個小時的車到臺東泰源監獄，只為給我們關懷的受刑人三十分鐘的會客；也曾搭飛機到澎湖監獄探視一位眾叛親離的重刑犯，只為給他一個對未來的希望。

我們自己都曾身陷牢獄，深知受刑人心中的苦，每次回到監獄現身說法，都有回娘家的感覺。這也是我們當眾懺悔的最好時機，分享自己由迷轉悟的心路歷程，我想更能打動他們的心。

螢火蟲家族

我常把自己比喻成一隻小小的螢火蟲，要用短暫有限的生命，擠出身上一點點的光，為更生人提燈照路、至死方休。

當初我的故事感動了他們，現在他們也改變自己的命運、扭轉人生。未來他們就像一隻隻的螢火蟲，要用自己的故事去感動更多人，所以我把我們這群更生人稱為「螢火蟲家族」。

家族內的成員人人要嚴守「慈濟十戒」，除了必須戒除菸、酒、檳榔等不良習氣外，也要跟著茹素，大家共同凝聚正向能量，彼此扶持與成長。

我因為走入慈濟，由迷轉悟，讓我和母親、妻子、女兒的感情變得更好。現在只要能夠抱抱家人、親親她們，都讓我彷彿充電一般，充滿力量。

有感於自己的圓滿與幸福，當年的「惡人」已經浴火重生，我會更加投入陪伴更生人，指引他們人生方向。這次，換我向這些迷途的孩子說：「歡迎回家。」

（撰文／鄭雅嫣、龔上銘）

無毒的天空

我問年輕朋友：吸毒幾次會讓你上癮呢？
答案不是一次或二次，而是「好奇心」！
千萬不要去嘗試，因為毒品就像魔鬼一樣，
糾纏不清，隨時綁架你的心靈……

口述 林朝清

朋友給我毒品，讓我與監獄結緣三次；也因遇見蔡天勝，我才能脫離毒品環境，踏踏實實地生活、做慈濟，也四處反毒！

二〇一一年開始，蔡天勝邀我一起參加法務部和教育部的反毒宣導活動，我在臺上向著臺下數百位年輕朋友們說出，慎結好友，有宗教信仰是我一生最刻骨銘心的感受。

遇見貴人「同學」

我和蔡天勝是在監獄裏同一工廠的「同學」。二〇〇五年初，我第三次服刑出獄，已經四十幾歲，才真正感到人生甚麼都沒了。

以前從事電動玩具、經營賭廳的非法生意，賺進了大把鈔票，也因吸毒而耗盡。兄弟姊妹看不起我，妻兒也因厭棄而離我遠去，我像個「稻草人」一樣，有毒就吸，沒有毒品就茫茫渺渺。

即使出獄後在餐廳裏打零工，還是感到人生毫無目標，每兩天、三天都要靠施打毒品麻醉心靈。

餐廳中午打烊後到晚餐的空檔，是我們的休息時間；我騎著機車到處閒逛，想找毒品吃也想作案。

有一天，領了薪水後，騎著機車正想找朋友買毒品。突然，背後有人叫住了我：「你是不是就是那位……阿修（我的小名）？」我愣了一下，最後才認出他就是獄內的「同學」——蔡天勝。

蔡天勝告訴我：「我現在做慈濟，也開始培訓慈誠隊員，你要不要繳功德款做善事？」我心想，這位曾被我取笑為：「可能是被關太久，關到頭殼壞掉，想出獄後做慈濟怎麼有可能的『同學』，現在真的做起善事，改邪歸正了！」

蔡天勝又隨口邀我星期三晚上去「拜經」。我心裏遲疑地問他：「『拜經』？甚麼是『拜經』？」「反正你來就對了！」我閒也是閒著，也沒有真心朋友，他既然邀我，不妨去看看。

人生，真的可以改變？

當踏入臺中民權路的慈濟舊分會所二樓佛堂時，引磬聲和寧靜祥和的氛圍立即深深吸引了我，心想：「我的人生是不是有可能在此而改變？」

第二次再去拜經，當唱誦到「回向文」：「願消三障諸煩惱，願得智慧真明了，普願罪障悉消除……」時，我反問自己：「為甚麼我的人生會過得這麼痛苦？」

後來，蔡天勝每週三晚上，都會準時出現在我打工的餐廳前，帶我去拜經，星期六還帶我去做環保。日子就在忙碌中慢慢滑過，我很盼望自己能夠全然脫離毒品的束縛；只是它就像魔鬼一樣，綁架我，駕馭我的心靈，我又愛又恨，卻又不能沒有它。

然而，因為跟隨蔡天勝做慈濟、做環保、參加助念、告別式等活動，讓我從兩、三天吸一次毒，逐漸減少為一個星期或一個月才碰一次毒品。不過，我知道，這種日子不久長，如果不是遇見蔡天勝，我可能又再回籠吃牢飯。

二〇〇五年初某一天，我很煩躁，剛好朋友打電話報說他手上有好東西。我禁不住誘惑，也不管身上穿的是灰色慈濟志工服，再一次沈淪於吸毒後迷迷茫茫、輕飄飄的快感裏。

「阿修，明天是歲末祝福，證嚴法師要為我們點燈，師兄、師姊們會安排我們去見證嚴法師，你也一起來好嗎？」隔天是蔡天勝受證慈誠的日子，他特別要我一起去接受證嚴法師的點燈。

決心戒毒

吸毒後的我，突然感到沒有工作、家庭和社會壓力的輕鬆快意，更不想再被束縛，就隨意回他：「我不去啦！我也不知道『點燈』是要做甚麼的？」

隔天一早，蔡天勝又再來電話催說：「已經安排好了，你無論如何一定要來啦！」想到他平日很關心我，就勉強換好灰色志工服，騎車來到臺中（舊）分會二樓佛堂。

臺上，正演著蔡天勝從一位無期徒刑的販毒犯到發露懺悔，靠著毅力與勇氣走入慈濟，「浪子回頭」的故事……

音樂響起，燈光乍現，三、兩群人呼朋引伴，喧嚣大嚷，旁若無人，一語不合，即拳頭相向。飾演蔡天勝角色的男子，神情恍惚，走起路來東倒西歪，彷如一具遊魂軀殼。

突然間，響笛大作，警察出現，男子被手鐐腳銬，押進了牢房……法官面帶無情宣讀著判決書：「蔡天勝，無期徒刑……」男子驚懼，面如紫青，全身顫抖地又被拖進黑暗無比的牢獄，永不見天日。

我看戲劇至此，內心澎湃，想及昨日才吸毒的自己，還沈醉在輕飄飄的感覺裏；今日卻出現在莊嚴的殿堂上，要給證嚴法師點燈，便不由自主地流下懊悔淚水。

戲劇到了最後，蔡天勝出場現身說法，也帶出由他一路陪伴的更生人——我、洪崧元和鄭志明，向證嚴法師及現場觀眾分享與懺悔。

歲末祝福結束後，我們四人去面見法師。

法師語帶輕柔地說：「有這麼好的環境給你們了，你們要好好珍惜啊！不要再被『那種東西』拉去了，如果再被『那種東西』拉去，哪你們就太無彩（可惜）了！」法師開示的時候，我低著頭不敢瞧他一眼，恨不得挖個地洞一鑽，「法師好像是在說我，我昨天就是又被拉去了……」

法師說完後，要為我們戴佛珠。當他將佛珠套入我手掌時，我全身起了雞皮疙瘩，非常激動，告訴自己：「一定要把毒品戒掉，不要再吸了！」我也彷彿找到了心靈中的慈母。

媽媽的淚水

我開始密集地參加所有慈濟活動，也停用手機。工作之餘，整理餐廳的回收物，儘量填滿工作以外的空閒時間，原本需靠五顆安眠藥助眠，到了後來再也不需要，也完全戒了毒。

然而，「一朝被蛇咬，十年怕草繩。」雖然戒了毒，但對我最放心不下的還是母親。

我家裏有六位兄弟姊妹，我是家中的「萬阿仔」（最小的兒子），從小身體虛弱，媽媽都背著我去打營養針。媽媽年輕時，是在臺中市第二市場經營自助餐店，生意非常好，人脈也很廣。

我喜歡混幫派，賭輸了錢就回家伸手向媽媽要個十萬、二十萬還賭債。後來開起電動玩具和賭廳，作組頭，雖然賺了不少錢，卻也因為吸食海洛因，散盡錢財而鋃鐺入獄三次。

記得第一次入獄時，心裏很憤慨，又毒癮發作，心情更加懊惱。隔日媽媽即來探監。我想說：「不管是誰來會客，一定不會給他好臉色看！」一拿起話筒，不但沒向媽媽道聲謝謝，反損她說：「你是沒看過兒子，是不是？」媽媽一滴眼淚也沒流地說：「你的兒子昨天平安出世了！」

有一次毒癮發作，回家偷拿了神明身上的金牌去賣，被大哥大嫂知道了，大哥怪媽媽說：「我已經不承認這個兄弟了，即使死在外面也不會幫他收屍，你還這麼寵他？」

媽媽為了我，流的淚水超過千斤重！

還是層層考驗

二〇〇六年，我正在培訓慈誠隊員，蔡天勝和我合夥的素食餐廳也剛起步、工作繁忙，慈濟勤務又多；媽媽因為不相信我已完全戒毒而日日查勤叨念，我找不到方法排解壓力，只能藉著菸癮抒發情緒。

我自知無法戒掉抽菸習氣，便向蔡天勝推說：「我不要培訓了，做慈濟還要忍氣吞聲，又像在趕『課程』，太累了！」

「再忍耐一下，咬緊牙根，蹬一下就過去了，那就是你的了！」蔡天勝還是極力規勸我。

有一次，我壓力大到猛吸兩口就抽完一支菸。突然胃裏一陣翻滾，大出血，被送去急救，才撿回一條命。從那時開始，我才完全戒了菸。

二〇〇七年，我受證慈誠隊員，皈依在證嚴法師座下，成為真正的慈濟人，媽媽仍舊不相信我真的戒了毒。我一回家，她就翻我皮夾詢問金錢去處，或有時在褲子口袋裏發現沾血的衛生紙，認為是施打毒品後流的血，便一通電話纏著蔡天勝不放。

「天勝，你看阿修又在施打毒品了，哪有可能改？」媽媽像抓到證據般，一講就是三十分鐘、一個小時，要蔡天勝多注意我的行為。其實是在餐廳切菜，不小心切到手指流血，順手將止血的衛生紙塞進口袋罷了；而皮夾內的錢，也是拿去採買餐廳需要的食材。

種子老師，反毒宣導

二〇一一年，大愛電視臺長情劇展《破浪而出》，播出五集蔡天勝的故事；後來剪輯成九十分鐘的版本，送給法務部和教育部作為反毒宣導的素材資料。

蔡天勝邀我一起參加反毒宣導活動。我覺得將自己過去的糗事搬上檯面，很不自在；所以第一次在臺中市明德女中，上臺只分享了五分鐘就匆匆下臺。

事後，蔡天勝告訴我：「這是一件非常有意義的事情，如果能分享自己的過往，也等於是懺悔，發露懺悔，內心才能得到清淨。你打開心門，把故事串連起來，一定會感動人，影響很多人的觀念……」

之後，我漸漸整理思緒，將自己如何使壞吸毒，如何折騰媽媽的經過說出來。

有一次，我向臺下兩百多位教官說：「我媽媽很愛我，怕我吸毒失血過多，都會跟著我去買毒品。有一次，一連串打了好幾種毒品而昏睡不醒，針頭被折斷在血管裏，造成大出血，昏迷好幾天才醒來，嚇壞了媽媽！又有一年的父親節，我很想去看兒子，可是毒癮又發作，媽媽竟掏出一包毒品丟給我：『吸一吸，趕快去看你的兒子！』甚至因為毒癮發作，而將媽媽丟在深山野地，自顧下山找毒品的荒唐行為。媽媽愛我疼我，我卻三番兩次折騰她。讓她遭受親朋好友的指責和兄嫂的不諒解，可是她還是沒有放棄我……一個人不知道孝順父母，時常讓媽媽傷心的人，福報也會隨著媽媽的眼淚一滴一滴地流失掉！」

那一場的分享，讓許多教官忍不住拿出手帕擦著淚水；會後有兩位聽眾過來激動地握住我的手說：「我們也有一位吸毒的弟弟，我們卻只會怪媽媽太寵弟弟了；感恩您的分享，讓我們有了不同的想法，也終於了解媽媽心中的苦了！」

又有一次，我問在座的年輕朋友們：「吸毒幾次會讓你上癮呢？答案不是一次或二次，而是『好奇心』！千萬不要去嘗試，要慎選朋友。因為毒品就像魔鬼一樣，糾纏不清，隨時綁架你的心靈，一旦惹毒上身，自尊、人格和家庭都會因它而搗毀，任何壞事都做得出來。你會因為毒品而入獄、妻離子散、或被兄弟姊妹看不起，眾叛親離！對不起父母，就是不孝！」

蔡天勝和我跑遍全臺三十幾場的反毒宣導，也是每年兩期新進教官培訓的種子老師。

媽媽終於相信了

二〇一四年六月三日，蔡天勝和我去臺北接受法務部頒發的「全國反毒有功人員」表揚，我將獎盃拿回家獻給媽媽，她才真正相信眼前的兒子真的完完全全地戒毒了。

如果沒有媽媽，就沒有現在的我，可以做善事，為人群服務。我要讓高齡八十二的媽媽高興、快樂，不再讓她擔心、掉眼淚，即使她磨我千百倍，我都會概括承受。

還要感恩的是，我這一生的貴人和益友——蔡天勝。他在我最無助、生活無目標的時候出現在我生命裏，一路陪伴、鼓勵與關懷，讓我不只有工作，還有餘錢做善事，引導我接觸慈濟，皈依證嚴法師，讓生命有依託。

我將會把「反毒宣導」視為生命中的功課，做到生命終止的一刻，才能報答證嚴法師恩澤，讓年輕學子不再因毒品誤了終生，危害家庭與社會。

（撰文／張麗雲）

生命印記

口述 鍾麒濱

灰暗的過去是我的生命印記，不會消失，
但它會一再提醒我：
毒，讓我付出多少代價？
回頭又是多麼不容易的事！

下班時分，西沈的落日將天空氤氳成瑰麗的紅，摩托車上的我，跟著川流的下班車潮，依循著每個街口紅綠燈號誌走走停停……

然而，這樣看似再平常不過的事，對我這個曾經吸毒、販毒，隨時躲警察及治安單位查緝的人來說，就不是那麼輕鬆的事了。

回憶二〇一二年剛出獄的那段日子，每每眼睛餘光瞥見對街行道樹下，或轉角暗處，那一抹藍白相間的閃光，還是會讓我不由得加緊油門……「是警察！閃！」當這個念頭一起，又會告訴自己：「我又沒做壞事，幹嘛逃？」這樣的記憶印痕，是我十年的荒唐歲月留下的……

父母離異，自哀自憐

我在十年內六次進出監獄，二〇一二年十一月順利通過假釋，這是第六次。我告訴自己這是最後一次，因為下次老天爺或許不會再給我這麼多好因緣與貴人了。

一直以來，「鐘麒濱」三個字，是我家人揮之不去的夢魘。十年時間，我不只吸毒戕害自己，還帶著一群毒友進出家門，最後更販毒營生。凡此種種，讓他們時時刻刻提心吊膽，身心飽受煎熬。

記得一次出獄不久，又開始染毒、販毒，在外鬼混多日返家時，隔著房門聽到奶奶驚恐無奈地對著爺爺說：「在家吸毒，看了難過、生氣，不在家又擔心他在外面惹歹代誌（惹事）？三更半暝，電話響了，我就驚甲歸身軀皮皮挫（心驚膽顫）；所以我甘願『阿濱』被警察抓去關，至少我知道他是安全的！」

當時的我，無法感受奶奶的痛心與無奈，甚至心懷怨恨，心想「你們就這麼討厭我，我在家就那麼多餘！」這樣的自哀自憐情緒，源自四歲時父母離異……

當時只知道媽媽帶著哥哥搬走了，爸爸又因工作忙碌無暇照顧我，將我交由爺爺、奶奶扶養。儘管爺爺、奶奶及姑姑的關心不虞匱乏，隔代教養的童年生活，卻讓我覺得苦悶與自卑。

小學家長日，同學的爸媽都會來，我則是奶奶來參加，有時甚至沒人來。我埋怨，為什麼我的家跟別人不一樣？更甚至會追問著奶奶：「為什麼媽媽帶走是哥哥，不是我？」

自卑讓我變得寡言木訥，成為同學霸凌對象，不是一早走進校園，要不就是下課後，就被幾位同學帶往校園偏僻處勒索：「身上的錢交出來！」無力抵抗的我，只能掏出零用錢了事；如遇到無錢支應時，只能忍受他們的拳腳相向。縱然心中委屈，小學六年級的我，總覺得自己的事要自己解決，沒將這些事告訴家人及師長。

吸毒，一顆不定時炸彈

「為什麼大家對他那麼好？」「你不知道啊？他家有人混幫派！你沒看大家對他畢恭畢敬的，反正就是不敢惹他啦！」這個不常來上課的同學，瞬間成了我的救星。

幫派是什麼？雖然我不很清楚，但看他在學校走路有風的樣子，那些平常欺負我的人，也對這位同學敬畏三分。從那時開始，我就像個小嘍嘍般緊緊依附在他身邊；下課了也不回家，盡往他家窩著，幫忙跑腿——買菸、買飲料等。

那些混幫派的人，果真幫我解決被欺負的問題，他們告訴我說：「你一定要比別人更凶狠，才會獲得尊敬。」從此，這句話深刻烙印在我腦海。

我一改過去隱忍、害羞的個性，只要親人嘮叨，我就會頂嘴、罵髒話。肢體暴力對我而言，幾乎是本能的反射動作。國二那一年，在朋友的慫恿及好奇心的驅使下，我開始吸毒。

當第一次被抓，在少年法庭上看到父親以監護人身分列席時，我不但沒有任何悔意，還態度輕佻地和身旁毒友嘻笑玩樂，完全不把家人的憂心當回事。也因為未成年，每每勒戒幾天就了結；加上親人都知道我吸毒，我就更肆無忌憚地呼朋引伴於家中吸毒，進出勒戒所成了家常便飯。

「吸毒讓我的身形瘦弱、氣色憔悴，每每毒癮發作，情緒就會失控，像一顆不定時炸彈。」有一次，當我跟家人要錢不成，偷了姑姑的房契及地契，揚言變賣時，年近八十歲的爺爺氣得衝進廚房，拿起一把菜刀全身顫抖地喊著：「我的老本都讓你敗完了，你還要怎樣？」

又一次，我向從小呵護我備至的奶奶要不到錢，竟像失心瘋般想要打她。當我掄起拳頭想要搥下時，看見滿頭白髮的奶奶，瑟縮地弓起身子，兩眼驚恐不敢相信地看著我時，這才找回一絲理智，改搥她後方的玻璃。當拳頭落下，玻璃應聲而破，鮮血汩汩地流了下來，在我還未及反應時，奶奶卻反過來擔心我的傷勢。

這樣的戲碼無時無刻上演著，直到我入伍服役，家人才得以稍為喘息！然而，當我二十歲服完兵役，因為販毒獲利豐厚，很快就和朋友合作，當成事業經營。

我著魔似地夜以繼日四處販毒，甚至放棄與家人年節團圓；拚命奔波，累了就吸食毒品強打精神，熬夜與嗜毒啃蝕著我的青春與健康。除此，更玩起改造槍械，奶奶曾痛心地指著我說：「鄰居都說我們家出歹囝，我出門都抬不起頭！」

冷漠的心，漸漸溫熱

二〇一〇年四月，因朋友蓄意舉發，我以觸犯槍炮彈藥和吸毒罪名再度入獄，判刑三年七個月，於屏東監獄服刑。我很恨陷害我的朋友，決定出獄以後，拿槍尋仇。

進出監獄多次，再一次入獄，對我來說，並沒有特別感覺。在獄中遇到談得來的受刑人，我們還會互留通訊，約好出獄後再幹一場。然而，當我無意間看到慈濟志工蔡天勝「破浪而出」的人生故事，心裏卻有了改變的念頭。「我很震撼，覺得由迷轉悟，好像並不難。」我利用工作閒暇空檔，透過志工寄放的月刊及書籍了解慈濟；也因此得知《靜思語》讀書會的課程，沒多做考慮就主動報名參加。

當指導老師蔡美惠和徐雲彩及其他志工，對萍水相逢、甚至是陌生的受刑人噓寒問暖、熱情招呼時，我心中不禁懷疑地自問：「我們不是一群被社會遺棄的人嗎？甚至是家族的恥辱？別人都避之唯恐不及，他們為什麼和別人那麼不一樣？」

在讀書會進行期間，因志工蔡美惠持續寫信關懷，我那冷漠懷疑的心，漸漸因感動而溫熱了起來；我曾自問：「若以後出獄做志工，將自己的熱心、樂於付出，放在對的地方利益他人，不是很好嗎？」

脫胎換骨

讀書會一期四個月，每週一次，沈浸在佛法的喜悅讓我得以恆持，更在志工的鼓勵之下，國中輟學的我開始閱讀充實自己。

「行孝、行善不能等」，我對這句靜思語印象深刻。過去我的生活充滿逞凶鬥狠，很傷家人的心，美惠師姊一再提醒我要主動寫信關心家人。隨著時間流轉，我與讀書會成員從《靜思語》一路研讀至《法譬如水——慈悲三昧水懺講記》。

在一次讀書會中影片欣賞，當畫面出現動物即將被宰殺的掙扎及驚恐的眼神……隨後出現刀起落下的畫面，於心不忍的我快速低頭，卻看見自己前幾天因工作意外劃傷的手指──影片中動物瀕死的喘息聲如同鬼魅般縈繞在我耳邊，好像刀就劃在自己身上一樣！從那天起，我發願終生茹素；這場「入經藏」手語演繹，我把它當作試煉，希望自己藉此脫胎換骨。

「阿濱！從今天開始，你不用幫忙管理受刑人了！」有一天，獄舍的小組長輕拍我的肩，交代了這句話。「啊？」不明所以的我以眼神詢問。

沒想到小組長回答：「現在的你太和善了，和以前那種凶神惡煞的樣子差太多了；所以你不適合了，你就趁著這段時間好好學習就好了。」我恍神好一會兒，不敢置信地問身邊獄友：「我跟以前真的不一樣了嗎？」

獄友認真地把我從頭到腳打量了一遍：「嗯！真的不一樣！」也在這段時間，我忽然特別想念誤入歧途後，鮮少來看我的媽媽。我告訴自己，一定要讓她看到我的改變！

人生最大的懲罰是後悔

二〇一二年底，我順利假釋出獄，在志工陪伴下回到高雄和家人團聚。

我永遠記得那一個午後，跨過門檻前象徵去霉氣的火爐，一進門隨即跪在八十二歲爺爺和七十五歲奶奶的跟前磕頭懺悔。

「回來就好！從現在開始你要乖乖的，過去就讓它過去了！」奶奶兩眼泛淚、絮絮叨叨地說著；不善言辭的爸爸則一個箭步上前，拉起跪在地上的我，哽咽流淚地給了我一個扎實的擁抱。

我試著重新開始，也努力應徵工作，超商店員、司機、送貨員……答案都是「等候通知」，接著就無消無息；其中一個保全工作給了我機會，卻在當晚來電「你有前科，可能不適合」給拒絕了。

進出監獄六次的我，很清楚自己將面臨的困境與挑戰，卻仍不免心灰意冷，「為什麼這個社會不給我一個機會？」幸好蔡美惠和徐雲彩師姊的關懷接引，由高雄慈濟志工楊九如接手陪伴，很快的我在志工經營的麵包坊找到喜愛的烘焙工作。

我從打蛋白、攪拌麵糊開始學起，熟記配方和比例對我而言是一大挑戰，必須透過反覆背誦和實作加深記憶。吸毒的後遺症，就是記憶力變差，身體各器官也退化得比別人還快。雖然諸多後遺症困擾著我，但也時刻提醒自己曾經偏差的過去。

然而，最辛苦的莫過於面對別人質疑的眼光及閒言閒語，「唉呀！吸毒的人，不會變啦！」「監獄進進出出那麼多次，能改早就改了！」陪伴更生人經驗豐富的楊九如，非常了解我的困難及壓力。為了照顧我的心，他邀我下班後到他的豆花店聊天，每週帶我參加讀書會、做環保，讓我遠離過去萎靡的生活，踏實過日子。

那一年，於屏東歲末祝福時，我帶著親手製作的蛋糕送給證嚴法師；法師笑著對我說：「很好！你知道吳寶春是我的弟子嗎？祝福你像他一樣！」法師柔柔的話語帶給我莫大的勇氣，也讓我更加想念媽媽。

急於讓媽媽看到我的改變，不料卻從家人口中得知她已過世的消息。「她在你入獄服刑期間，發生車禍往生了，就怕影響你的心情，所以……」當下的我，才真正了解什麼叫「來不及」及「人生最大的懲罰是後悔」！

懊悔讓我陷入情緒低潮，「為什麼老天要這麼對我？」「我很努力想改變，祢卻……」那段時間，我對任何事都提不起勁，幸好蔡美惠師姊的陪伴讓我走出喪母的陰霾。

「你是不是覺得，來不及讓媽媽知道你變好了及孝順她是個遺憾？如果是，那你是不是該用媽媽給你的身體努力行善來報答她？或回向給她？」這句話，更讓我決定參加慈濟志工的培訓，也暗自許願「我一定要穿上慈誠制服告慰她在天之靈。」

昔日毒友，一面鏡子

「戒毒不再犯，真的不是容易的事！」除了要遠離之前的毒友，更要有拒絕的勇氣與決心；雖然出獄後我不再聯繫之前朋友，但總有些不期而遇。就在一次下班回家的路上，身邊突然出現一個熟悉的聲音：「阿濱啊！你什麼時候出來的？」我轉頭一看，錯愕得不知如何回答，原來叫住我的，是以前常聚在一起吸毒的朋友。

縱然身處在停紅燈的車陣中，對方毫不忌諱地從口袋中掏出一小袋東西，挨近我身旁低聲問：「要不要來一點？免錢的喔（不用錢）！」我直接跟對方說：「不了，我已經戒了！」對方狐疑地看了我一眼：「就跟你說不用錢！你怕啥？」我搖著頭，不再解釋；好不容易綠燈亮了，對方仍不死心地纏著我要電話，我只好虛應報了一個錯誤號碼，加速油門，匆匆離開。

更棘手的一次，是入獄前和我來往非常密切的毒友找上門。那一天下班後，洗完澡正準備休息時，急促的門鈴聲響起，怕吵醒早睡的爺爺、奶奶，我快步走下樓，當拉起鐵門隔著玻璃門看到對方時，心中頓時閃過「啊！該面對的還是逃不了！」

當我「刷一聲」打開玻璃門時，背後即聽到奶奶的聲音：「這麼晚了，是誰啊？」我急忙回頭安撫：「沒事！沒事！」卻看見奶奶認出對方的驚恐眼神，就在這時，對方也爽快地說明來意：「阿濱！我在跑路，你有錢可以擋一下嗎？」

我態度婉轉但明確地說：「我不再碰毒了，目前在做麵包學徒，薪水不多，真的幫不上忙。」對方一臉難以理解的眼神。為讓對方了解我的決心，我直接跟他說自己已經加入慈濟，並在校園宣導反毒及走進監獄，與受刑人分享更生人的心路歷程。

「那你這裏可以讓我借住嗎？」對方仍不死心地問，我只好以有女友跟我同居虛應，最後他悻悻然離開了。

「你不會？」奶奶擔心地問；「我不會！絕不會！」我語氣堅定保證著。但是那一夜，我躺在床上久久無法成眠；因為看到毒友，就想到自己以前也是過那種提心吊膽、躲躲藏藏，見不得光的日子。

以前，任何時候我都得繃緊神經，開車、騎車或走在路上，都得擔心後面是否有人跟蹤埋伏；不只躲條子，還得擔心黑吃黑……遠離毒品後的我，生活坦蕩蕩，就算在街上遇到警察臨檢，也不用四處躲避逃竄；「過去的十年，我活得像黑夜中的鬼魅；擺脫毒品後，才活得像個人！」

媽，我做到了

以前，每個人看到我都避之唯恐不及，親人也是如此。進慈濟當志工後，我留意住家附近貧困或孤獨的老人，公司有多的麵包和蛋糕就帶去給他們吃，關心他們的狀況；奶奶也因此開始注意附近需要幫助的人，託我帶東西去關心。點滴用心被大家看在眼裏，從此對我的印象改觀。看到別人因自己的付出而生命有所改變，讓我體會那種被需要的存在價值。

受證慈誠那一天，我邀請幾年前被我偷地契、房契而傷透心的姑姑來觀禮。我想告訴她，今後的我，不會再讓她擔心了！典禮結束，我穿著慈誠制服，第一次踏入母親安厝的靈骨塔，滿臉淚水擎起一炷清香，對著她說：「媽，我做到了！」

灰暗的過去是我的生命印記，不會消失，但它會一再提醒我：「毒，讓我付出多少代價？回頭又是多麼不容易的事！」

（撰文／胡青青）

浪子回頭

在爸爸、媽媽及子女面前，
我雙膝跪下真心認錯，並向爸媽奉茶謝親恩！
當時父母淚流滿面，
半信半疑眼前這個浪子是否真的回來了？

口述 鐘炯元

我今年四十二歲，生長在一個小康家庭，從小愛玩不愛讀書；國中時開始學人家抽菸、吃檳榔、打架鬧事，因此經常被學校記過，是一個讓老師相當頭痛的問題學生。

升高中時還染上毒品，在兩所學校間來回轉學了六次，高中讀了五年才終於畢業。

後來吸毒被警察抓到，由於還未成年，因此被判了保護管束，進了少年監獄。入監報到時，爸媽傷心欲絕，只能叫姊姊陪我一起去。

高中時，我就這樣因吸毒被抓，關了兩次直到當兵。當兵時，我仍持續吸毒，並沒有因先前兩次入獄而悔改戒毒；休假時，還偷偷把家裏值錢的東西拿去變賣，只為了買毒品。

荒唐歲月，回頭難

退伍後在朋友介紹下，我開始了開拖板車的工作。日夜顛倒，但收入相當不錯。有一次我開夜車送貨去北部，途中為提神而吸毒，反而精神恍惚，在山上翻車，被送到基隆長庚醫院。當院方通知我家人時，媽媽心急如焚，雖然不識字卻獨自搭車北上，一路上只能靠問路，好不容易才找到醫院。

這次車禍大難不死，但我並未記取教訓，依然故我地持續吸毒；直到一九九九年我娶妻，育有一女一男，這段婚姻因我的荒唐只維持了七年。

說起來很慚愧，對於兩個小孩我從未盡到做父親的責任。他們以前從不肯喊我一聲爸爸，只能把阿公當作爸爸、把阿嬤當作媽媽。然而，他們很爭氣，不僅很會讀書，而且還拿獎學金，卻飽受同學們議論，背後說他們有個吸毒被關的父親。面對同學們的異樣眼光，他們只能默默承受，淚往肚裏吞。

原本的我只是吸食二級毒品安非他命，但在開拖板車的那段時間，結交了更多壞習氣的朋友，變本加厲染上了一級毒品海洛因。因毒癮實在太強，讓我無法正常工作，顧不得妻小以後沒地方住，就把房子賣掉籌錢，也把賴以謀生價值幾百萬的拖板車變賣。散盡家財，只為籌錢買毒品，最終禁不起藥頭的誘惑，走上了販毒這條險路。

第一次因吸毒又販毒被警察抓走，關了一年八個月後回來，真的想重新做人。好不容易找到了一份工作，不料那家公司有位阿婆正巧是我的鄰居，告訴老闆我有吸毒前科不能用，於是老闆通知我不用上班了。這件事讓我對這個社會感到失望與沮喪，為什麼連給我改過自新的機會都沒有？逼得我只好選擇走回頭路，又跑去販毒。結果沒多久，又被警察抓走，再被判刑兩年八個月。

每次出獄其實我都有重新做人的念頭，卻都因意志不堅定，也抗拒不了朋友的邀約與毒品的誘惑，以致前後總共因毒品入獄六次；加起來長達十幾年的青春歲月，都在獄中度過，讓父母一次次感到心碎與絕望。

懺悔，真心認錯

我最後一次入獄是在屏東監獄，服刑期間因為家人已對我徹底失望，也不再來探監了！全家因為我弄得雞犬不寧，大哥更是氣到長達二十年未曾與我說一句話。

在屏東監獄服刑時，一次因緣際會下，我參加慈濟每週一次在獄中舉辦的《法譬如水——慈悲三昧水懺講記》讀書會，明白了因緣果報的道理。

一次，姊姊寫信告知媽媽住院接受手術治療，我嚇了一跳。心想媽媽原本身體很好的，怎麼會突然生病開刀？於是我利用讀書之際向蔡美惠師姊請教，她建議我向菩薩發願茹素，並將功德回向給媽媽，祝福媽媽早日康復。當時我原本三餐無肉不歡，卻依照她說的發願茹素，結果沒多久媽媽真的康復了！

這件事讓我與慈濟結下一個很好的因緣，相信慈濟能帶給我正面向善的力量。讀書會期間，我也因聽到證嚴法師說的「行善行孝不能等」，以及「世間上沒有壞人，只有做錯事的人。」讓我深刻懺悔往日的過錯。

然而，我心中仍存疑：「慈濟怎麼可能接受一個像我這樣多次進出監獄的人？」一直到二〇一三年九月二十八日我服刑期滿出獄當天，高雄慈濟志工楊九如特地到屏東監獄大門口接我，一見面就給我一個大大的擁抱，讓我感受如家人般的溫暖與感動。

離開屏東監獄後，九如師兄接著帶我到慈濟屏東分會及高雄靜思堂，在許多師兄、師姊的見證下，我長跪向佛菩薩懺悔、發願，一定痛改前非、徹底改變。最後九如師兄帶我回到高雄橋頭的老家，在爸爸、媽媽及子女面前，我雙膝跪下真心認錯，並向爸媽奉茶謝親恩，請他們再相信我一次。當時父母淚流滿面，半信半疑眼前這個浪子是否真的回來了？

直到現在，我仍天天向父母奉茶、問安。久而久之，小兒子看到了，不但開始對我奉茶，也會向阿公、阿嬤奉茶。我終於恍然大悟，父母是孩子的模，以前我沒有給孩子們好的榜樣，也沒有給他們一個完整的家，但我相信浪子回頭金不換，一切都不會太遲。從今而後，要守好本分，不再偏離正軌，及時行孝行善才是最正確的人生道路。

迎接下半場人生

出獄後，為安頓我的生活與工作，九如師兄希望我遠離昔日交友圈，別再回去開拖板車；於是，在他全心的輔導與協助下，我在橋頭開了間豆花店。豆花店的生意很辛苦，不像開拖板車那麼好賺，但卻把我們全家人的心繫在一起。二十年不跟我說話的大哥，也因看到我的改變，三不五時就到店裏找我聊天；鄰里間所有人也都睜大眼睛看，這個出入監獄多次、傷透父母心的「歹囝」，這次是否真的能變好，不再走回頭路？

現在的我，每天一大早都去慈濟環保站做資源回收，我深刻體會到「能夠彎得下腰做環保，做其他任何事就不怕被打敗。」做完環保後，九點多我就去開店，豆花店的生意很穩定，讓我們全家不愁吃穿，姊姊也常到店裏幫忙；而我也會到學校進行反毒宣導，或到監獄分享自己由迷轉悟的故事。每次分享，都是我當眾懺悔的時刻，因我深深相信證嚴法師所說的「懺悔即清淨」，每懺悔一次，我的心就感到無比的清淨與自在。

「吃得了苦，苦一陣子；吃不了苦，苦一輩子。」這句「靜思語」是我女兒的座右銘，現在我也把這句話銘記於心。我以前沒走好路，吸毒時，連女兒的存錢筒都拿去花用。現在的我，做慈濟後，茹素、行善、行孝中，慢慢改變了命運，翻轉了人生，並祈願一直做到不能做為止！

「爸爸，你要繼續加油！我和弟弟都會支持你。」記得剛出獄沒多久，當時就讀國一的女兒錄了一段影片幫我加油打氣。女兒親情的呼喚，貼心的話語與小小心願，讓我心酸又不捨，懺悔自己過去常犯錯而出入監獄多次。她的加油聲一直迴盪在耳畔，給我最大的勇氣與力量面對未來，迎向亮麗的下半場人生。

（撰文／龔上銘）

破繭新生的彩蝶

每位更生人重返社會後，
都會遇到考驗與試煉。
請相信自己，人有無限的可能！

文／高肇良

親愛的「同學」：

你們好！

回首過往，我曾經誤交損友走入歧途，迷失了人生方向，在毒海中浮沈數十年。這段時間，我的個性變得封閉且孤僻，眼中只有「毒品」，沒有家人與朋友，只能活在自己的灰暗世界裏而無法自拔，不但傷透了家人的心，也身陷囹圄。

在鋃鐺入獄服刑十餘年間，父親因患急性血癌驟逝；自己也在吸食海洛因後，精神渙散而發生重大車禍，緊急送往加護病房搶救。

回想當時情景，生與死的拔河已不是自己能做主，歷經氣管破裂、氣切、插管，讓我真正體會到「生命就在呼吸之間」，「行善行孝不能等」。

重返社會，試煉重重

七年前，在獄中我從《慈濟月刊》與大愛電視臺廣播的「靜思晨語」中，接受證嚴法師開示而認識慈濟，並真正了解因緣果報的可怕。出獄前自我期許：一定要有個重生的方向，讓生命活得更有意義，發願加入慈濟，做個付出無所求的慈濟人。

最後一次，在彰化監獄服刑期間，每天閱讀慈濟相關書籍。一位獄友家屬因住家臨近慈濟彰化分會，本身又是慈濟會員，所以特別去分會請購了三本慈濟道侶叢書，並寄入獄中，我很高興地向獄友借來閱讀。

其中《在藍天的懷裏，甦醒》一書，描寫許多出獄的更生人加入慈濟後，找到生命的意義與方向，我深受感動。於是，在出獄前寫信給其中一位更生慈濟志工蔡天勝師兄，表達加入慈濟行善付出的決心。

重返社會後，感恩蔡天勝師兄與許多慈濟人的關懷與陪伴，我開始積極參與社區活動，並改變不良習氣，將菸酒都戒了，嚴守慈濟十戒，並常以慈濟志工身分，回到獄中與大家分享。

當看到臺下的你們正襟危坐，不知何去何從，沒有方向與希望，就像看到過往的自己，失去自由、被枷鎖束縛的心情，我完全能體會。

如今，我們雖然有一牆之隔，但彼此的心卻能因為慈濟因緣而相聯繫；現在，我只是先行替大家走出一條重生與反黑歸白的道路，期待大家都能找回自信與體悟生命真正的意義。

重返社會直接加入慈濟，家人與親朋好友一開始相當不看好，不信任我會變好。猶記得剛出獄時，蔡天勝師兄邀請我去臺中參加慈濟的七月吉祥月活動；但我身無分文，只好向母親開口拿兩百元車資，準備從彰化搭火車去臺中。

母親雖然給了我，但她的眼神語氣中仍然抱著懷疑態度，不知道我又要把錢花去哪裏了……我再次因為不被信任而感到難過沮喪，但我依然不想放棄要重生與加入慈濟的決心。

那是我首次參加慈濟活動，會場莊嚴且溫馨，慈濟師兄、師姊更不時地噓寒問暖，讓我深受感動。當下，我決定離家至臺中求職，並在龍井區遊園路上應徵一份供膳宿的沙發製造師傅工作，重新回到曾讓家人引以為傲，自己過去最擅長的工作領域。

離家前，母親偷偷拿給我三千元，叮嚀我要節省花用，這也是我一個月的生活費。我背起了行囊到達上班地點，才發覺原本說好保證有房間住的公司，其實並無法住宿，當下心情非常沮喪。但我想，這是好不容易找到的工作，也是重生的機會，再苦也要忍下來。

於是，我住在蟑螂老鼠亂爬、雜亂不堪的工廠，睡在自己架高的簡易木板上過夜，飽受蚊蟲叮咬。兩個星期後，老闆娘感到不好意思，租了一間學生套房給我住，才讓我在臺中有個小小的棲身之所。

還好當初並沒有因挫折而輕易放棄。同學們，不必為我感到難過與不捨，因為這也是我們每位更生人重返社會後，都會遇到的考驗與試煉。請相信自己，人有無限的可能！

善念萌芽，看見曙光

下班後，車水馬龍的中港路上，總能看見我穿著灰色志工服，騎著媽媽為我準備的舊機車穿梭其中。從龍井區遊園路到臺中市北區梅亭街共修處參與慈濟活動，車程來回長達一個半小時。我常告誡自己，不能因為路途遙遠而懈怠，因為我不能讓慈濟的師兄、師姊與關心我的家人失望。

從一開始不被看好、被嘲笑、被輕視，經過兩年多的時間，工作穩定後，生活經濟也逐漸由負債轉正；直到我受證為慈誠隊隊員，結婚後也從臺中搬回彰化定居陪伴母親，自己的改變，逐漸取得大家的信任與肯定。

出獄至今五年多，經常受邀到臺北法務部及全臺各監獄、學校分享自己的生命故事，並宣導反毒、反霸凌。

親愛的同學，人不怕錯，就怕不改過。我相信只要我們真心懺悔，行善付出發揮良能，每個人都能讓生命得見曙光，迎向新生。

近年在獄中分享，經常收到大家寄來慈濟彰化分會的信件；書信往返中，看到許多同學因案觸法、入監服刑後，親人的生活和經濟也毀於自己手上。過往荒唐度日，讓最親愛的人飽受精神折磨，甚至將全家推入無助與苦難的深淵中。

造成一個家庭因貧而病、因病而貧的主因，竟來自你我一時自私，放任自己肆無忌憚地暴力傷人，或沈迷毒品與燈紅酒綠中無法自拔，現在回憶起來真是讓人難堪與懺悔。

曾經收到一位臺南同學來信，信中提及其父親正受惡性腫瘤之苦，醫師判定所剩時日不多了，他多麼希望能看父親最後一面。我的父親也在我入獄後病重往生，我戴著腳鐐手銬回家奔喪，更能體會同學們身陷高牆、求助無門的無奈，行善行孝真的不能等啊！

破繭彩蝶，迎向新生

加入慈濟不久，一次殊勝因緣見到證嚴法師，我馬上跪下頂禮，向證嚴法師發願：「我要生生世世跟隨證嚴法師行菩薩道，也要回獄中接引同學進來慈濟！」結果證嚴法師輕輕地送我一句話：「要度人，不要反被別人度去。」證嚴法師的叮嚀，我隨時隨地謹記在心，不敢懈怠自己所發下的「初發心」。

有些同學的來信中，字裏行間充滿對慈濟人及證嚴法師的感恩，且發願同行菩薩道的決心，讓我感覺到一顆顆善種子正在萌芽茁壯，善的力量在蔓延中。所謂「發心如初，成佛有餘。」我與陪伴的慈濟人會更加用心呵護及關懷您們這念心，因為我相信這分善念將讓您們改變，就如破繭而出的彩蝶迎向新生。

四年前，在慈濟認識了我的另一半，相知、相惜、相愛。現在的我有一個美滿的家庭。過去我從來不曉得，原來家人臉上笑容是如此珍貴；現在我懂了，想必您們也可以體會吧？

祝福大家早日返鄉，加入慈濟修正習氣、端正行為，掙脫牢獄的枷鎖，自度而後度人，做一位自由自在付出無所求的菩薩，一起為淨化人心、祥和社會而努力。

肇良師兄：

很高興收到您在百忙之中給我的回信，提筆之際，心中的暖流抵擋了冷氣團的入侵，深感慶幸在未來的人生旅途上多了位相互勉勵的「師兄」。

今日一早才進工廠，一位友人來看我，兩個多月前他出獄了，還記得昔日的相處中他常笑我：「你信慈濟已到了走火入魔的地步了，我出去後來看你時，給你寄兩公斤牛肉！」我總是笑著回答他，如果真的寄來，也會被我丟到垃圾桶。

他出獄後的第四天便出了車禍，肋骨插入肺裏，在慈濟醫院躺了一個多星期。在接下來的一個多月，我寫了四封信要他安心養傷，更不能因而喪志走回頭路——吸毒！要不然我們朋友是沒得做了。

今日，他一改常態的與我談起「慈濟」。他說：「這次車禍多虧了慈濟志工的幫忙，幫我支付醫療費用，因為他知道我是剛出獄的更生人……」我在他的敘述中，感受到他發自於內心的感恩。接著他又告訴我：「你知道嗎？我們故鄉也有慈濟的環保站呢！雖然我現在還無法做粗重的，但做寶特瓶分類不成問題，我每天都會去那活動活動。」當我聽了這段話，非常開心地對他說：「很好，以後我們可以一同走慈濟這條路了。」

手中提著他給我帶來的兩公斤「豆棗」，我的心裏無比輕鬆、愉悅。肇良師兄，相信您也有同樣的感受吧？

愚友　阿忠　2014.1.3 敬筆

肇良師兄：

昨日才寄了封信給您，今夜卻又再度提筆寫信給您，原因是昨日下午快進房前，我才得知假釋被駁回的消息。

肇良師兄，請不要替我感到一絲難過，我是一個剝奪人家寶貴生命的凶手，我這麼告訴自己：「也許是上天看到我的悔改，讓我這輩子能夠一次償還；不必拖拖拉拉地分期、甚至來生仍要還這筆債……」

肇良師兄，說了不怕您笑，雖然我直到目前還沒為慈濟做任何事，但我已期許來生能多做慈濟事，更專注地付出；因為，我錯過慈濟三十年——

一九八四年的農曆年後，先父要我為高中聯考準備，於是幫我報名了位於花蓮市的補習班。一日，當我要進入補習班時，一對年約五十幾歲的夫婦騎著摩托車停在我的身旁：「請問慈濟醫院工地怎麼走？」我只知道大約的方向，於是對他們說：「你們往前面的方向一直騎去，到了路底再問一下那邊的人……」

時光一晃，轉眼三十年，想到這段經歷總是感嘆，為何不懂得上蒼的「指點」呢？以至於渾渾噩噩虛度歲月！

受刑人什麼都沒有，時間最多，我很願意以「時間溶入真誠的心，來結慈濟緣。」最後，就以日前在《慈濟月刊》中讀到證嚴法師所說的，「不做壞事還不夠，還要主動去行善，造福人群」與您共勉。

愚友　阿忠　2014.2.18 敬筆

花監的仲夏畢業季

文／楊寶月、王鳳娥

走進花蓮監獄，由管理員引領穿過十幾道厚重的鐵門，來到「花蓮監獄附設正德進修學校（註一）」。迎面而來，是一群理平頭，身穿白汗衫、藍短褲，趿著藍白拖鞋走來走去，卻會對著你微笑點頭的人。

他們是監獄的學生隊。從他們「慈眉善目」的親切笑容中，彷彿就是鄰家的大男孩。若不是身在監獄，誰會想到他們曾經是吸毒、販毒、詐欺、搶劫、殺人等犯案累累的黑社會角頭與流氓？

六間教室，分國中、高中一到三年級各一班；教室裏有老師在上課，也有自習寫作業的。暑假期間，慈濟志工在學校開了象棋、圍棋、合唱、手語、作文、體適能趣味等競賽活動，更增添仲夏的繽紛。

其中慈濟志工邱淑絹教導的寫作班，以「我想對你說」為題，讓同學們自由發揮，寫出自己的人生故事；結果，一頁頁血淚交織、感人肺腑的篇章，就這麼孕育而成。

※

這日午後，晶亮耀眼的藍天，酷熱悶濕的空氣，電風扇賣力地呼呼吹著。

「師姊，你進來我們這裏有沒有十五個吊桶？」筆者腦子還沒意會過來，慧黠的成漢馬上再迸上一句，「就是七上八下啦！」身旁的歸人、俊仔、阿傑促狹似的露出會心一笑。

「師姊，你聽過吸引力法則（註二）嗎？」四個人又開始嘰嘰喳喳：「我們四個人為什麼感情這麼好？因為找到了目標，有共同的理念：一、不抽菸；二、看書勤快；三、對未來有正向思考。」同舍房的歸人、俊仔、阿傑三人，加上隔壁舍房的成漢，正德進修學校高三畢業班的同班同學，分別來自臺灣各監獄，卻相遇在花蓮，擦迸出情同手足的火花。

※

緣起於二〇一三年，法務部東部檢察署書記官官長鍾松茂，看過長情劇展《破浪而出》後，主動連繫邀請慈濟志工至花蓮監獄（簡稱花監）進行「生命教育」課程。

花蓮區的慈濟志工，遂於八月二十七日邀請臺中區蔡天勝、林朝清前來花監，以「過來人」身分現身說法，針對男受刑人進行「生命教育」分享，從而感動臺下許多人，啟動每個月一次的教誨教育課程。

之後，高雄的楊九如、龔上銘、鐘麒濱、吳其財等志工，依樣為花監女受刑人進行第二次「生命教育」講座，陸續帶動受刑人省吃儉用捐出手中郵票，幫助需要幫助的人。

這個舉措在高雄發生氣爆後，或有收容人捐郵票、省下買菸錢、或畫佛像義賣所得，盡一己之力幫助受災鄉親；收容人阿哲就說：「感謝慈濟讓我們有付出的機會，能幫到高雄鄉親，心裏很歡喜。」

二〇一四年三月三十一日，法務部長羅瑩雪蒞臨花監，遇見慈濟志工也是「更生人」的林江龍分享自己的生命故事，部長勉勵現場一百多位受刑人：「要好好地聽、好好地想，能接觸慈濟是有福氣的人，可以學習很多人生的智慧，大家要珍惜這個善緣。」

延續這分善緣至母親節懇親會，舉辦了奉茶與浴足活動、七月吉祥月祈福會等等。志工又應獄方邀請，自二〇一四年二月份起於學區國中部，進行每週一堂生命教育課程；暑假開始沒幾天，獄方教化科增開每週五「生命教育課程」於高中部；至此，學區漫長的暑假，變得多樣且豐富。

暑假，學區的收容人一樣放暑假，渴望每天上學的放「封」時間，而每週一的放「封」時刻，更是令人興奮。通過舍房的水泥條窗，窗外的藍天分了格，學區的「天」「地」，雖是一百六十多位同學共享，相對地寬闊許多。

慈濟志工除了原先的「生命教育」課程之外，暑假期間另外安排英語學習、手語比賽、靜思茶道及花道、還有小說班及寫作課。

※

身為「人文真善美」的筆者，原本僅想為志工投入的區塊做個歷史紀錄；然而，看到收容人洋溢的文采、豐沛的生命故事，停下手中的筆，心裏思忖，「無處下筆呀！」

寫作班的投稿意外踴躍，字裏行間流露出真摯的生命軌跡，梳理了自己的人生大事記；筆者就算想寫，也唯恐難及千分之一。

所有的人都是「悔不當初」，不堪的前塵卻願意開「封」，皆因於慈濟志工無私的愛、真誠的相伴，抒放情緒抑鬱的出口，又何嘗不是一種心理的療癒！

而原為畢業班書寫號稱「三劍客」的歸人、俊仔、阿傑，朝夕相處，情誼日增；而後，得知調皮的成漢也是好友團成員，「三劍客」遂變成「四劍客」，卻是稍一出了神，記錄的手又不得不停頓下來。

移監（註三），悄悄地將「四劍客」從筆者眼前「偷走」了……

高三畢業班二十幾位同學特地留了一本手札，開頭第一頁寫著：楓葉，代表秋天；秋天，象徵離愁與思念，我們會想念您們的！

一頁頁的內容，表達出對慈濟人無限的感謝！

●感恩您們帶給我們這分無私的愛，一分不求回報的愛，我們會將這分愛傳遞下去，在我們心中您們已播下善的種子，而我們會繼續呵護它茁壯，讓這分感恩、尊重與愛，蔓延。感恩您們！——歸人

●天下無不散的筵席，我將帶著滿滿感恩的心離開這裏，感謝您們帶給我們這麼多的歡樂及回憶！——成漢

●非常感恩您們無私的奉獻，讓我們在冰冷的鐵窗內，感受到滿滿的溫暖與關懷。因為有你們，人們變得更快樂、世界變得更溫暖、愛變得更寬廣了！——阿傑

●惠珠師姊，您的豁達是我們這一群來自各地「菁英」中的「精英」所無可比擬的，您說「我不能帶你們出去，但我可以進來陪你們。」這是何等的寬容與大度，真恨不得就此把你打包回家。——俊仔

●您們就像一個個揮汗辛苦的農夫，努力將「善」的種子撒入我們荒蕪的心田，並用「愛」作為養料，細心地澆灌，殷切期盼種子的成長茁壯，為我們死寂的靈魂添上生機。——淡然

※

一九八二年落成的花蓮監獄，是一座專門收容七年以上重刑犯的監獄。自二〇一三年起，慈濟人定期進入關懷至今，教化科人員就與志工分享，因為慈濟人的進來，把生命教育落實在生活中，從教導他們日常禮儀中，導入他們正確的人生觀念，讓監所與同學（學區收容人）之間溝通更加良性。

教化科人員表示，「改變，非一朝一夕。」讓同學們接觸較正向的能量與思考，自然就不會再走回頭路。「慈濟人的進入，開啟他們選擇不同生命的契機，尤其慈濟人常講的『行善、行孝不能等』，『對人要有包容心』，磨去他們脾氣上的稜角；相對的，他們以後走回頭路的機率就變小。」

管理學區人員也認為，慈濟人加入生命教育課程之後，同學們笑容變多了，在情緒的控管能力改變顯著。以往情緒不穩、起伏大、家境有難的，經志工輔導漸漸改變自己的態度及人生觀，同學之間也時常拿「靜思語」互相勉勵，並學習關心及幫助其他人。

生命裏無奈的悲歌，理性的監獄管教，融進柔性的志工服務，兩相激盪下，讓同學在生命的轉彎處，開啟他選擇不同生命的契機！

時間的賊，毫不留情，腦海裏清楚閃著，從小「狡怪」（閩南語：調皮）的歸人，國中時期老師家訪時對他父親說：「他如果沒考上雄中，一定會去當流氓。」言猶在耳，還聽著歸人開心地說，這次入監是他這輩子看最多書的時期，連《商業周刊》都看懂了；而這趟出獄後，他要好好地為家人扛起生活家計，不再讓媽媽、妹妹難過。

陽光的成漢說他返家後，要再回去賣拿手的日本壽司，畢竟帥帥的日本壽司店師傅，是他當初當學徒憧憬的夢想。他誇口保證，還要為慈濟人做素的唷！

教導同學寫作過程中，邱淑絹的父親生病住進加護病房，筆者無意中成為她寫作班的溝通橋梁，居中擔任釐清文稿內語意不明處與傳遞的角色。隨著與作者的溝通，每每在呼呼作響的電風扇之前，靜下心，又「聽」了好多篇精采的人生故事。

筆者心中增添些許的明白——透過寫作，讓收容人有機會爬梳他們糾葛的人生；配合獄方專業教誨，慈濟志工柔性服務，真誠傾聽與愛的陪伴，讓受刑人的生命不孤單！

註1：花蓮監獄附設正德高級中學進修學校設有國中部與高中部，讓有意願繼續升學的受刑人，出獄後同樣擁有國、高中畢業的文憑。

註2：吸引力法則：指吸引具有類似思想的人，同時又被對方吸引的過程。這是一個相互吸引的過程，而不僅僅是一個思想對另一個思想的影響，兩個具有相似心態的人會彼此吸引。

註3：花監附設的國、高中部學生，係全臺各監所收容人通過考試而來，畢業後隨即移回原來的監獄。

水月系列００１
在世界盡頭的角落

撰　　文／歸人、陽過、淡然、成漢、家偉、螳螂、普普、易恆、國良、海龍、醒悟
青雲、葉鎮、育民、山羊、少棋、天涯、曉嵐、阿文、義良、寬恕
高惟碤、蔡天勝、楊九如、林朝清、鐘麒濱、鐘炯元、高肇良

創 辦 人／釋證嚴
發 行 人／王端正
總 編 輯／王慧萍
主　　編／陳玫君
企畫編輯／邱淑絹
特約編輯／尤美玉
編　　輯／涂慶鐘
校對志工／張勝美、廖信吉、李秀娟、楊翠玉
美術編輯／林家琪

出 版 者／慈濟傳播人文志業基金會
中文期刊部
地　　址／11259 臺北市北投區立德路 2 號
編輯部電話／02-28989000 分機 2065
客服專線／02-28989991
傳真專線／02-28989993
劃撥帳號／19924552　戶名／經典雜誌
製版印刷／新豪華製版印刷股份有限公司
經 銷 商／聯合發行股份有限公司
23145 新北市新店區寶橋路 235 巷 6 弄 6 號 2 樓
電　　話／02-29178022
出版日期／2015 年 10 月初版一刷
2016 年 6 月初版六刷
定　　價／新臺幣 250 元
為尊重作者及出版者，未經允許請勿翻印
本書如有缺頁、破損、倒裝，敬請寄回更換
ISBN 978-986-5726-25-6
Printed in Taiwan

國家圖書館出版品預行編目（CIP）資料

在世界盡頭的角落／歸人等撰文；陳玫君主編
—初版.—臺北市：慈濟傳播人文志業基金會，2015.10
295 面；15×21 公分—（水月系列；1）
ISBN 978-986-5726-25-6（平裝）
1. 更生保護　2. 通俗作品
548.78　　104020956